BRUNA FERRARESE

COMUNICAZIONE ASSERTIVA

Come Esprimersi in Modo Efficace
e Imparare a Dire di No

Titolo

"COMUNICAZIONE ASSERTIVA"

Autore

Bruna Ferrarese

Editore

Bruno Editore

Sito internet

www.brunoeditore.it

Illustrazioni di Francesca Saffirio

Tutti i diritti sono riservati a norma di legge. Nessuna parte di questo libro può essere riprodotta con alcun mezzo senza l'autorizzazione scritta dell'Autore e dell'Editore. È espressamente vietato trasmettere ad altri il presente libro, né in formato cartaceo né elettronico, né per denaro né a titolo gratuito. Le strategie riportate in questo libro sono frutto di anni di studi e specializzazioni, quindi non è garantito il raggiungimento dei medesimi risultati di crescita personale o professionale. Il lettore si assume piena responsabilità delle proprie scelte, consapevole dei rischi connessi a qualsiasi forma di esercizio. Il libro ha esclusivamente scopo formativo.

Sommario

Introduzione

Il termine *assertion* – che in italiano si traduce "asserzione", dal latino *assertio-ônis* – compare già alla fine del XIX secolo nel dizionario dell'Académie Littré. Nel settore della comunicazione e della formazione il neologismo "assertività" viene ormai comunemente utilizzato per indicare "l'affermazione di sé".

In estrema sintesi, l'assertività serve a esprimere e salvaguardare in ogni situazione di relazione i propri valori, con fermezza ma senza aggressività.

Ispirandosi a questo principio di base, ogni persona può determinare maggiormente il corso della propria esistenza – assumendosi la piena responsabilità delle proprie scelte e le conseguenze che ne derivano – senza cadere nelle trappole del conformismo imposto dall'ambiente circostante.

Personalmente, quando mi sono imbattuta, circa vent'anni fa, in alcune pubblicazioni che trattavano di assertività come modalità di comunicazione che consentiva di migliorare la propria capacità di trattare con gli altri, ne sono rimasta entusiasta. Le tecniche che venivano presentate apparivano semplici e di facile applicazione, naturalmente a patto di essere disponibili a esercitarsi nella pratica di tutti i giorni.

Gli esperimenti che ho condotto direttamente mi hanno permesso di verificare in molti casi gli effettivi benefici di questa modalità di relazione, anche se i miei familiari ogni tanto continuano a pormi "sfide" interessanti, compresa mia figlia Francesca che ha gentilmente messo a disposizione la sua creatività per realizzare le illustrazioni di questo ebook.

Anche se non posso dire di riuscire sempre a reagire assertivamente, ora sono almeno in grado di capire dove avrei potuto migliorare il mio approccio. Il che non è poco.

In ogni caso, credo molto nella positività delle soluzioni offerte dall'assertività e affronto con grande passione questo tema nella mia attività di formatore, cercando di mostrarne a quante più persone possibili i vantaggi e illustrando le modalità per "metabolizzare" tali tecniche per assumere, in modo naturale e con gradualità, i nuovi comportamenti.

Poiché ciò avviene da molti anni ho avuto la fortuna di rimanere in contatto con alcuni dei "miei" corsisti e di apprendere con sincera gioia che molti di loro sono riusciti a risolvere una serie di criticità e, in alcuni casi, ad avviare un vero e proprio nuovo corso della loro vita.

Questo libro tratta quindi di assertività, partendo da un'introduzione degli elementi caratteristici del processo di comunicazione per consentire un inquadramento più corretto dell'argomento, e presentando una serie di esempi pratici di come possano essere attuate le tecniche assertive. Il capitolo conclusivo è dedicato all'assertività calata nel contesto aziendale, per evidenziare i benefici che è possibile ricavarne, non solo per ottenere un miglioramento del clima relazionale, ma anche sul piano di una maggiore competitività delle imprese.

GIORNO 1:

Non comunicare? Impossibile!

Nel 1976, lo psicologo Paul Watzlawick e altri suoi colleghi del Mental Research Institute di Palo Alto (California), pubblicano l'esito delle loro ricerche sul comportamento umano nel volume *Pragmatica della comunicazione umana*, che diventa subito uno dei punti di riferimento fondamentali sulla teoria della comunicazione e sulle sue implicazioni nell'analisi delle interazioni interpersonali.

Impossibile non comunicare

Tale studio fissa – tra gli altri – alcuni principi di grande interesse. Primo fra tutti quello che riguarda l'impossibilità di non-comunicare: "C'è una proprietà del comportamento che difficilmente potrebbe essere più fondamentale e proprio perché è troppo ovvia viene spesso trascurata: il comportamento non ha un suo opposto."

In altre parole non esiste qualcosa che sia "non comportamento" o, per dirla ancora più semplicemente, non è possibile non avere un comportamento. Ora, se si accetta che l'intero comportamento, in una situazione di interazione (fra persone, esseri viventi ecc.) ha valore di messaggio, vale a dire è comunicazione, ne consegue che comunque ci si sforzi, non si può non comunicare.

"L'attività o l'inattività, le parole o il silenzio, hanno tutti valore di messaggio: influenzano gli altri e gli altri, a loro volta, non possono non rispondere a queste comunicazioni e, in tal modo, comunicano anche loro."

Questa affermazione è inconfutabile e il comportamento descritto appartiene all'esperienza di ognuno di noi. Ad esempio, quando si viaggia in uno scompartimento ferroviario, o ci si trova nella sala d'aspetto di un medico e ci si immerge vistosamente nella lettura di un libro mentre si viaggia in treno, si comunica in modo inequivocabile il desiderio di essere lasciati in pace. E la comunicazione che si instaura in questo caso è evidente come se avessimo espresso verbalmente o per iscritto il nostro messaggio.

Poiché è "fatale" comunicare, diventa importante preoccuparsi di come comunicare al meglio. Attraverso i processi di comunicazione, infatti, noi attiviamo reti di relazione la cui qualità è strettamente responsabile del nostro benessere quotidiano. Dalla nostra capacità di capire e di farci capire dipende la serenità della nostra vita familiare e sociale, la possibilità di svolgere un lavoro soddisfacente e di intrattenere rapporti caratterizzati dal rispetto reciproco in ogni situazione.

Conoscere bene gli elementi di funzionamento del processo di comunicazione ci permette di essere maggiormente consapevoli e, quindi, più sensibili e attenti ai possibili errori che si possono verificare.

SEGRETO n. 1: per comunicare al meglio ricordiamo che "il comportamento non ha un suo opposto" e manteniamo sempre alta la consapevolezza dell'insieme di messaggi che trasmettiamo in ogni situazione relazionale.

Il "cruscotto" per ben comunicare

Gli individui iniziano, modificano e concludono ogni rapporto tramite il processo comunicativo: comunicare significa interagire con individui o gruppi di individui allo scopo di "mettere in comune" informazioni, dati, sentimenti, opinioni. La conoscenza dei fattori che determinano il processo comunicativo rappresenta il primo passo fondamentale per comunicare "al meglio".

Lo schema base del processo comunicativo prevede la presenza di almeno due interlocutori che si definiscono *emittente*, intendendo l'individuo dal quale si avvia la comunicazione, e *destinatario*, a cui la comunicazione viene indirizzata. Le variabili presenti sono riportate nel disegno.

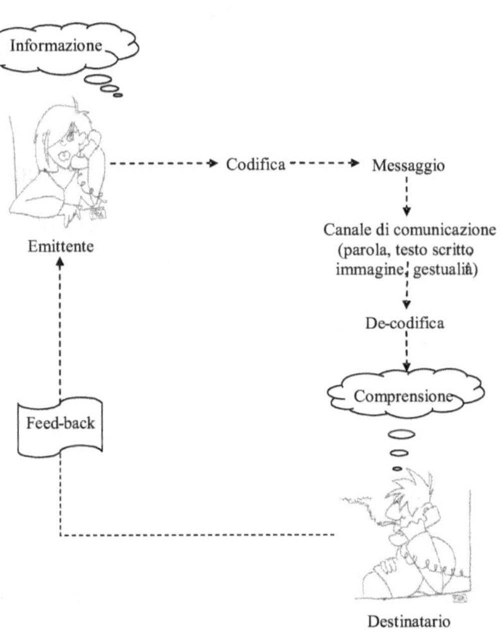

Gli elementi tecnici del processo comunicativo

Per instaurare il contatto l'emittente deve articolare un messaggio che gli consentirà di rendere chiaro ciò che fino a quel momento è presente solo nella sua mente. Perché il messaggio sia comprensibile è necessario tradurre pensieri, informazioni, emozioni scegliendo un codice, ovvero un certo tipo di lingua parlata, un gesto particolare, un disegno o un'immagine che consentano al nostro interlocutore di comprendere ciò che vogliamo trasferire.

Ciò rappresenta il primo ostacolo da affrontare nel processo comunicativo perché frequentemente noi sottovalutiamo l'importanza di adeguare il codice di comunicazione.

Avvezzi al linguaggio utilizzato nel nostro contesto professionale, ad esempio, ne facciamo un uso indiscriminato parlando con chiunque e dimentichiamo che i termini tecnici, le sigle, la terminologia inglese, i nomi degli uffici costituiscono un particolare lessico circoscritto solo alla nostra azienda o, al massimo, al nostro settore merceologico.

Quando siamo nei panni dell'emittente, invece, dovremmo sempre dedicare un attimo di riflessione alla scelta del codice più opportuno da utilizzare. In fondo lo facciamo quasi istintivamente quando ci troviamo di fronte un bambino anziché un adulto oppure quando riteniamo che la persona di fronte a noi sia straniera. Si tratta di estendere questa attenzione in via generale alle persone con le quali entriamo in contatto. La strategia migliore sarà comunque quella di adottare un linguaggio semplice, evitando il più possibile termini tecnici o gergali tipici di un certo contesto specialistico (informatico, pubblicitario, medico...) con persone che non hanno familiarità con questo linguaggio.

Eviteremo in questo modo non solo di generare inevitabili incomprensioni, ma anche di suscitare negli interlocutori diffidenza e disagio: "Ciò che si capisce si accetta, ciò che non si capisce, si rifiuta."

Scelto il codice più corretto, l'emittente deve badare all'organizzazione del messaggio, ovvero alla sequenza da utilizzare per i termini che vengono espressi. A parità di parole, infatti, la loro posizione nel contesto della frase può modificarne notevolmente il significato e l'impatto sul ricevente.

A questo proposito, nel 1946, lo psicologo polacco Solomon Asch realizzò un esperimento divenuto un esempio classico per la dimostrazione degli effetti della percezione generata dalle impressioni iniziali che la mente umana registra.

Asch consegnò a un gruppo di studenti un elenco di caratteristiche descrittive di una persona definita come "intelligente, industriosa, impulsiva, critica, testarda, invidiosa" e a un secondo gruppo di studenti la stessa lista con i termini esposti al contrario, ovvero "invidiosa, testarda, critica, impulsiva, industriosa, intelligente".

Il test provò che l'impressione era fortemente influenzata dall'ordine di presentazione delle caratteristiche e che ciò succede perché chi riceve tende a concentrare la sua attenzione sulle prime informazioni, dando via via meno peso a quelle successive. Di conseguenza, nonostante le parole siano assolutamente le stesse, l'effetto generato sull'ascoltatore risulta molto diverso.

Infine, l'emittente si trova impegnato a decidere circa un altro elemento del processo comunicativo: il canale, ovvero lo strumento (parola, testo scritto, immagine, gestualità) attraverso il quale il messaggio, precedentemente codificato, passerà dall'emittente al destinatario.

A questo punto, articolato il messaggio secondo un codice che speriamo noto al nostro interlocutore, la responsabilità attiva della comunicazione passa al destinatario, che riceve il messaggio e si trova impegnato nella decodifica che gli consente di interpretarlo.

Naturalmente questo processo sarà tanto più complesso quanto più il codice utilizzato sarà sofisticato. Ma anche termini apparentemente univoci possono dar luogo a equivoci di interpretazione. Ognuno di noi, infatti, dispone di una personalissima "mappa mentale" – frutto delle sue esperienze e competenze – che attribuisce significati a volte anche molto diversi alle medesime parole. Prima di approfondire l'ultimo elemento tecnico del processo di comunicazione – il feedback – riassumiamo quanto descritto finora con alcuni esempi:

- in un romanzo (processo comunicativo) l'emittente è l'autore, il codice è rappresentato dalla lingua scritta, il canale sono le pagine stampate, il messaggio è la storia narrata e il destinatario è il lettore;

- in una lezione di matematica (processo comunicativo) l'emittente è l'insegnante, il codice è rappresentato dalla simbologia algebrica, il canale sono le onde sonore (espressione orale) più le immagini, il messaggio è la risoluzione di problema e i destinatari sono gli allievi;

- nella riproduzione di un brano musicale (processo comunicativo), l'emittente è il musicista, il codice è costituito dalle sette note più cinque varianti più il ritmo, il canale sono le onde sonore, il messaggio è la sequenza delle note, il destinatario è l'ascoltatore.

Così semplice e così poco utilizzato: il feedback

Il vocabolo *feedback* è anglosassone e identifica la "comunicazione di ritorno" cioè quella fase del processo comunicativo che determina la possibilità di una "comunicazione a due sensi".

Purtroppo questa dimensione del processo comunicativo, pur essendo semplice da applicare e determinante per l'efficacia della comunicazione, per i motivi che vedremo in seguito risulta utilizzata solo occasionalmente.

L'instaurarsi di una modalità "circolare" di comunicazione rappresenta l'unica possibilità di giungere concretamente all'obiettivo di una reciproca comprensione. È piuttosto evidente, infatti, che se la comunicazione si svolge in un unico senso da un'emittente a un destinatario, è molto difficile che tutti i contenuti giungano invariati e del tutto comprensibili all'individuo destinatario.

Senza feedback si amplia inevitabilmente un fenomeno definito "arco di distorsione" che comporta che ciò che l'emittente ritiene di aver comunicato al destinatario è in realtà quasi sempre diverso da ciò che è stato ricevuto. L'arco

Arco di distorsione fisiologico

di distorsione si determina in via naturale per l'impossibilità concreta di trasferire in modo del tutto identico un pensiero dall'emittente al destinatario, ma è tanto più ampio quanto più non vengono presidiati correttamente tutti i fattori di comunicazione. Così, in qualunque processo di comunicazione, si verificherà un impoverimento del contenuto del messaggio nelle fasi, generando a volte equivoci grossolani nella relazione:

- ciò che A vuol dire (100%);
- ciò che A dice (80%);
- ciò che B ascolta (60%);
- ciò che B capisce (40%);
- ciò che B ricorda (20%);
- ciò che B riformula (10%).

Partendo dal presupposto che si desideri comunicare in modo efficace, per ovviare a questi inconvenienti è possibile verificare al termine della comunicazione il grado di ricezione (feedback) e, eventualmente, ripetere la stessa in nuove forme. Si identifica quindi un messaggio in partenza e un "contro messaggio" che permette all'emittente di stabilire se i contenuti della sua comunicazione sono stati compresi.

Nella maggior parte dei casi, le persone hanno la possibilità (ovvero il tempo) di attivare un feedback, concedendo spazio ai riceventi per inviare "contro messaggi" e sforzandosi di fornirne quando si trovano nella posizione di ascolto.

Come si può notare, l'utilizzo del feedback è molto semplice. Come mai allora il suo impiego è così poco comune? In fondo si tratta solo di ascoltare con attenzione il nostro interlocutore e non dare per scontato di esserci intesi: una rapida verifica, fatta formulando una breve sintesi di ciò che abbiamo capito, ci assicura di aver stabilito un terreno comune di comprensione.

Forse le ragioni di questa timidezza collettiva sono da ricercare in esperienze che ci hanno accomunati ai tempi della scuola. Anche se, in via teorica, proprio quel contesto avrebbe dovuto insegnarci a comunicare nel modo più corretto.

Ma purtroppo non tutti hanno avuto la fortuna di essere seguiti da un insegnante disponibile a rispondere a domande di chiarimento, di ampliamento sui problemi trattati cioè, in definitiva, attento a sollecitare costantemente il feedback da parte dei suoi allievi per essere certo di aver "ben comunicato". Alcuni di noi, di conseguenza, hanno ben presto compreso che se qualcosa risultava poco chiaro non rimaneva che, risolvere i dubbi, chiedere lumi ad altri: dagli stessi compagni di classe fino alle famigerate "ripetizioni".

È così che abbiamo interiorizzato il concetto che chiedere conferma – e quindi fornire feedback – corrisponda sostanzialmente a denunciare una nostra inadeguatezza, forse anche una scarsa intelligenza.

Questo atteggiamento ci accompagna poi nel mondo del lavoro, dove sostituiamo la figura dell'insegnante con quella dei nostri superiori o dei colleghi già esperti e dove "piuttosto che ammettere di non sapere o di non aver capito" siamo disposti ad arrampicarci sui classici vetri.

Preso atto degli effetti negativi di questa non-abitudine, se desideriamo migliorare le nostre comunicazioni, ripartiamo da un'altra "legge" della comunicazione che dice che "quel che abbiamo comunicato è ciò che l'altro ha capito" e, da qui in avanti, proviamo a usare un piccolo "trucco" chiamato feedback. Ci impegneremo a fornirlo quando siamo in posizione di ascolto per dimostrare all'interlocutore la nostra attenta partecipazione; lo solleciteremo, quando il nostro ruolo è quello dell'emittente, per essere sicuri di esserci spiegati compiutamente.

SEGRETO n. 2: attiviamo sempre il feedback, senza temere di apparire noiosi. Quando siamo gli ascoltatori, riformuliamo sinteticamente quello che abbiamo capito del messaggio trasmesso dal nostro interlocutore. Quando siamo noi a esprimerci, chiediamo al nostro interlocutore se ci siamo spiegati in modo esauriente e se può esprimere il suo feedback.

Emozioni e comunicazione

Il processo comunicativo naturalmente non si esaurisce con i soli aspetti tecnici; al contrario, poiché la transazione si instaura fra individui, gli aspetti emotivi o psicologici sono spesso presenti in modo preponderante.

Come si vedrà più approfonditamente nel Giorno 4, non tener conto di questa componente significherebbe non comprendere le cause delle difficoltà in un processo comunicativo che, dal punto di vista tecnico, è addirittura elementare.

Pensiamo alle occasioni nelle quali esprimiamo, ad esempio, un semplice "sì". Dal punto di vista razionale il significato non varia, ma quel "sì" può essere detto in almeno dieci modi diversi utilizzando tonalità emotive che lo rendono ogni volta originale e diverso. Allo stesso modo, qualunque tipo di comunicazione contiene valenze emotive che non vanno sottovalutate per privilegiare gli aspetti logico-razionali del discorso.

Poiché le persone vivono il processo comunicativo con una partecipazione che va al di là del puro significato logico delle frasi pronunciate, sarà necessario aver cura di usare – a seconda degli obiettivi che si vogliono raggiungere – espressioni, parole o giri di frase che colpiscano o evitino di colpire la suscettibilità dell'interlocutore e trasmettano, se del caso, attenzione, interesse, affetto o comprensione.

Se trascuriamo questo aspetto, i nostri discorsi otterranno spesso risultati opposti a quelli che ci si riprometteva. Ad esempio, se un collaboratore ha commesso un errore otteniamo un effetto molto diverso se diciamo: "Questo lavoro non va bene! Non ha proprio capito le istruzioni che le erano state date, in questo modo abbiamo tutti perso tempo e denaro!" invece che: "Purtroppo, con onestà, devo dirle che nel caso del lavoro X le cose non sono andate bene. Le istruzioni non sono state chiaramente comprese e la nostra società ha subito un grave danno. In una prossima occasione sarà meglio verificare entrambi di esserci davvero capiti."

Certo questo modo di rapportarci agli altri richiede più tempo, impegno e attenzione, ma gli effetti che si possono ottenere sono sicuramente più efficaci e gratificanti.

Le componenti dell'emotività che dobbiamo ricordare di prendere in considerazione sono rappresentate dai tre fattori:
- esperienza individuale;
- ambiente;
- situazione individuale.

L'**esperienza individuale** comprende tutto ciò che l'individuo ha direttamente o indirettamente vissuto in precedenza e che ha legami con il momento in cui avviene la comunicazione.

Può trattarsi di ciò che ci hanno riferito di una persona che non conosciamo e che stiamo per incontrare, oppure di una situazione che ha analogie con qualcosa che abbiamo già vissuto. Poniamo che un fornitore dica al suo cliente: "Il prossimo lunedì riceverà la merce ordinata." Se chi ascolta ha già sentito più di una volta la stessa frase e poi ne ha verificato l'inesattezza, semplicemente non giudicherà attendibile l'affermazione. Se invece si sarà reso conto altre volte che effettivamente i termini di consegna sono stati rispettati, darà credito all'informazione.

L'**ambiente**: riguarda i fattori fisici e psicologici che operano esternamente all'individuo ma che lo influenzano al momento della comunicazione. Mentre prima ci si riferiva al presente sul quale si proiettano situazioni passate, ora si considerano i fattori che hanno origine e agiscono durante la comunicazione al di fuori dell'individuo.

Può trattarsi di componenti fisiche, come il luogo in cui si comunica che può risultare comodo-scomodo, freddo-caldo, troppo illuminato-buio oppure i mezzi e le tecniche di comunicazione, dall'utilizzo di supporti più o meno efficienti, alle abilità comunicative vere e proprie. Dal punto di vista emotivo, può essere l'influenza esercitata da ambienti nei quali si vengono a trovare persone alle quali attribuiamo una determinata valenza: il cliente più importante dell'azienda, il presidente del consiglio di amministrazione, un rappresentante delle forze dell'ordine ecc.

Immaginiamo che il vostro superiore vi chieda notizie di una pratica incontrandovi occasionalmente nel corridoio oppure che la stessa domanda vi venga posta, sempre dal vostro superiore, ma convocandovi nell'ufficio del direttore generale. Dal punto di vista razionale la domanda non cambia e la vostra risposta neppure ma, probabilmente, la reazione emotiva sarà un po' diversa.

Infine la **situazione individuale**: comprende tutte le forze interne all'individuo che hanno effetti sullo stato psicologico in situazione sia di trasmissione sia di ricezione.

Si tratta di fattori – fisiologici e psicologici – provenienti dagli stessi individui e che quindi hanno molta influenza sul processo comunicativo, ma sono anche i più difficili da individuare. Rientrano fra questi:

- le capacità di comunicazione (cioè di ritenzione delle informazioni);

- le capacità di razionalizzazione (cioè di organizzazione dei dati all'interno di modelli logici);

- la soglia di attenzione che l'individuo è in grado di prestare a una certa comunicazione.

Inoltre, indipendentemente da ciò che si verifica in quel dato momento di comunicazione, appartengono a questa categoria anche lo stato fisico e psicologico che stiamo provando. Se ci sentiamo bene o, al contrario, siamo afflitti da un'emicrania, la nostra capacità di comunicare ne sarà influenzata. E, nello stesso modo, abbiamo reazioni percettive diverse se siamo felici o tristi per qualcosa che ci è accaduto prima di quella specifica situazione di comunicazione o in ansia per qualcosa che ci attende subito dopo.

Questi elementi incidono sul fattore principale da considerare ai fini del successo del processo comunicativo, rappresentato dal grado di motivazione all'ascolto o alla trasmissione di un messaggio. Infatti, ogni volta che non siamo motivati esprimiamo i nostri messaggi in modo superficiale e frettoloso o, se siamo nella posizione di ascolto, assumiamo un'aria di circostanza ma in realtà interrompiamo la sintonizzazione e pensiamo ad altro, ritenendo ben poco di ciò che è stato trasmesso. Un abile comunicatore dovrà pertanto sviluppare la capacità di individuare ciò che è importante per l'interlocutore, perché solo così riuscirà a suscitare interesse e a motivare alla relazione interpersonale.

SEGRETO n. 3: le emozioni sono una parte importante del nostro modo di essere; evitiamo di reprimerle o ignorarle ma, al contrario, cerchiamo di esprimerle ai nostri interlocutori come parte fondamentale della nostra comunicazione.

Per avere successo: diventare più consapevoli

Come si è visto, durante la comunicazione si pongono in essere in modo contemporaneo numerosi fattori tecnici e psicologici e risulta difficile controllarli nel momento stesso in cui agiscono.

Ciò che tuttavia riveste enorme importanza non è tanto il controllo di questi fattori ma, semmai, la presa di coscienza della loro esistenza.

Analizzando il comportamento degli altri per poi trasferire le osservazioni sul nostro, acquisiremo una maggiore consapevolezza della complessità insita nell'entrare in relazione con gli altri.

Questa migliore conoscenza del processo comunicativo permette di aumentare il controllo sul risultato da raggiungere e soprattutto indurci a evitare – come primo punto di attenzione – tutte quelle forme di espressione che costituiscono un ulteriore ostacolo alla possibilità di comprendersi.

Usare un linguaggio allusivo, tacere parti importanti che non si vogliono trasmettere, usare perifrasi non sempre comprensibili ci allontana inevitabilmente dalla possibilità di instaurare una comunicazione corretta e un rapporto onesto con gli altri.

Parlare in modo chiaro e diretto – come suggerito da un comportamento orientato all'assertività – rappresenta invece una buona strategia per comunicare con maggiore successo. Quindi, per concludere sintetizzando con un'appropriata citazione di Shakespeare: «Questo soprattutto: sii sincero con te stesso, e ne seguirà, come la notte al giorno, che non potrai più essere falso con nessuno.»

SEGRETO n. 4: analizzare le situazioni di comunicazione che ci hanno visto interagire con efficacia, in modo da patrimonializzare gli aspetti positivi. Riflettere sulle situazioni critiche per elaborare piani di azione per migliorarsi.

In pratica: sai comunicare con efficacia?

In genere non è che le persone non comunichino del tutto fra di loro, ma spesso comunicano in modo negativo: cioè comunicano trascuratezza nello stile di vita, mancanza di profondità e casualità nei loro rapporti, incongruenza tra parole e comportamento. Comunicare nel senso vero di farsi capire e riuscire a capire gli altri in modo chiaro, efficace e libero da pregiudizi, è un'arte che si può apprendere.

Il test che segue – pubblicato alcuni anni fa dalla rivista *Capital* – può essere utile per "fare il punto" circa il vostro modo di comunicare. Nel rispondere non pensate esclusivamente alle situazioni di lavoro, se non è specificato.

Test

1. Quante informazioni, secondo voi, è capace di assimilare il vostro cervello mentre ascoltate un'altra persona che parla a velocità normale?

> a) dieci volte quelle che vengono trasmesse;

> b) il doppio di quelle che vengono trasmesse;

> c) solo quelle che vengono trasmesse.

2. Mentre l'altro vi parla, cosa fate?

> a) ascoltate e basta;

> b) interloquite spesso;

> c) vi sforzate di dimostrargli la vostra attenzione.

3. Se sospettate che ci sia qualcosa che l'altro non vuole dirvi, come formulate la vostra domanda?

> a) lei si è forse dimenticato di dirmi…

> b) non ha altro da dirmi?

> c) perché mi ha taciuto…

4. Sapete esattamente cosa vuol dire "domanda chiusa"?

a) è una domanda indiscreta;

b) è una domanda la cui risposta è un sì o un no che blocca la comunicazione;

c) è una domanda per la quale non c'è risposta.

5. Nel corso della comunicazione il vostro interlocutore dice una parola che voi non conoscete. Cosa fate?

a) cercate di capire il significato della stessa dal contesto del discorso;

b) chiedete spiegazioni;

c) fate finta di niente e continuate il colloquio.

6. Quando incontrate una persona per la prima volta come vi comportate?

a) cercate di dividere equamente l'onere della comunicazione;

b) lasciate che parli l'altro;

c) parlate prevalentemente voi.

7. Dovete affrontare un argomento delicato per lettera. Come la scrivete?

a) con il solito, collaudato linguaggio epistolare (commerciale o non);

b) con un linguaggio corretto ma quanto più possibile "parlato";

c) con uno stile telegrafico.

8. La comunicazione interpersonale è fatta di parole (comunicazione verbale) e di gesti e atteggiamenti. In quale percentuale pensate che si presentino, in genere, le due diverse forme espressive?

a) metà e metà;

b) un terzo di comunicazione non verbale e due terzi di verbale;

c) un terzo di comunicazione verbale e due terzi di non verbale.

9. Il vostro interlocutore predica bene ma razzola male. Cioè è evasivo e non viene assolutamente al sodo del discorso. Come vi regolate?

a) ascoltate passivamente;

b) glielo dite chiaramente;

c) interrompete il colloquio.

10. Avete in serbo una battuta molto brillante, un gioco di parole divertente, ma dicendolo rischiate di interrompere la conversazione. Cosa fate?

a)   fate la faccia divertita, sperando che l'altro vi chieda cosa c'è;

b)   lo dite lo stesso;

c)   rinunciate a dirlo.

11. Il vostro interlocutore non ha capito bene qualcosa di ciò che gli avete appena detto. Come reagite?

a)   gli chiedete cosa non ha capito;

b)   ripetete il concetto così come lo avete già espresso;

c)   vi irritate.

12. Nel corso di un colloquio si corre, a volte, il rischio di rivelare qualcosa di noi stessi. Questo vi dà fastidio e quindi voi…

a) usate un linguaggio evasivo;

b) parlate il meno possibile;

c) date solo le indicazioni utili allo scopo del colloquio stesso.

13.   Non avete afferrato bene il concetto che l'altro vi sta spiegando. Al momento di rispondere come vi comportate?

a)   non rispondete;

b)   gli dite che non avete compreso bene la sua spiegazione;

c)   date una risposta generica.

14. Volete convincere la persona con cui state parlando a prendere una decisione, ma questa è riluttante. Cosa fate?

    a)   rimandate il problema;

    b)   insistete con la vostra argomentazione;

    c)   gli domandate per quale motivo non vuole.

15. L'interlocutore vi pone una domanda che vi imbarazza. Cosa fate?

    a)   vi irritate;

    b)   inventate una bugia;

    c)   gli dite che preferite non rispondere.

Calcolate il vostro punteggio utilizzando la tabella riportata di seguito.

	Risposta A	Risposta B	Risposta C
Domanda 1	1	3	2
Domanda 2	2	1	3
Domanda 3	2	3	1
Domanda 4	1	3	2
Domanda 5	2	3	1
Domanda 6	3	2	1
Domanda 7	2	3	1
Domanda 8	2	3	1
Domanda 9	2	3	1
Domanda 10	2	1	3
Domanda 11	3	2	1
Domanda 12	1	2	3
Domanda 13	1	3	2
Domanda 14	2	1	3
Domanda 15	1	2	3
Totale per colonna		+	+
Totale generale			

Se il vostro punteggio va **da 40 a 45 punti**, le vostre capacità di comunicazione sono molto buone e derivano anche dal fatto che sapete ascoltare molto bene, in modo rilassato, senza tensioni o nervosismi. Non vi sentite infatti obbligati a dare una risposta brillante sempre e a tutti i costi.

Se avete totalizzato **da 26 a 40 punti**, siete nella media. Forse parlate un po' troppo, il suono della vostra voce vi è gradito, ma applicandovi un po', lasciando cioè agli altri un maggiore spazio espressivo, potrete migliorare la qualità della vostra comunicazione. Ogni tanto, infatti, tra voi e gli altri si crea qualche fraintendimento, anche se non grave.

Dovete sicuramente migliorare la vostra modalità di comunicazione se il punteggio risulta **da 16 a 26 punti**. Probabilmente non vi siete esercitati spesso ad ascoltare in modo focalizzato e forse non riuscite a superare la vostra timidezza nel rapporto con gli altri. Fate un piano di miglioramento perché la comunicazione è un'arte che si apprende.

Vale più di mille parole: la comunicazione non verbale

Trattare del processo comunicativo ignorando la componente rappresentata dalla comunicazione non espressa attraverso le parole sarebbe a dir poco incompleto. Soprattutto se consideriamo che – secondo gli studi condotti dall'antropologo Albert Mehrabian – le parole trasmettono solo il 7% delle notizie mentre il resto è lasciato ai gesti, al tono di voce, al viso, all'uso degli spazi.

Infatti, a seconda del modo con cui è attuata, la comunicazione può essere verbale e non verbale (mimica facciale, modo di gesticolare, posizione corporea, prossimità all'interlocutore). Se i messaggi "non verbali" sono coerenti con quanto si sta comunicando per mezzo della parola, hanno un effetto rafforzativo di quanto si dice.

Invece se, come frequentemente capita, risultano in contrasto con le parole e i ragionamenti espressi, diminuiranno o addirittura annulleranno l'efficacia della comunicazione. Infatti, contrariamente alle aspettative, la comunicazione "del corpo" è e viene recepita come più esatta e autentica di quella verbale.

In effetti, mentre sul piano del linguaggio il nostro allenamento inizia fin dai primi vagiti, è raro che ci vengano insegnati i rudimenti per gestire il linguaggio del corpo, a eccezione di ciò che attiene alle regole della buona educazione. Ne consegue che i messaggi non verbali – che sono involontari e incontrollabili – riflettono con grande immediatezza i nostri pensieri e le emozioni più profonde.

Il vostro collega racconta la solita barzelletta audace che non solo non vi fa ridere ma vi mette anche in imbarazzo? Probabilmente fingerete disinvoltura mentre le vostre guance diventeranno color porpora. Durante una riunione venite invitati a riferire circa un certo importante progetto sul quale non vi siete preparati? Quasi sicuramente reagirete con parole che vogliono esprimere spigliatezza e sicurezza ma, forse, le vostre mani incominceranno a tremare e la voce vi tradirà spegnendosi in gola.

Anche la fase di approccio in qualunque nuovo rapporto personale o professionale si basa fondamentalmente sul linguaggio non verbale. Non disponendo di informazioni vocali che ci dicano chi abbiamo di fronte, incominciamo a formarci un'opinione osservando l'esteriorità dell'altro, la gestualità, la mimica, il comportamento in generale. Spesso la prima impressione che ricaveremo, positiva o negativa, sarà anche quella che con prepotenza continuerà a imporsi nel proseguo del rapporto.

Prossemica, cinesica, paralinguistica

Tra gli strumenti di cui si avvale la comunicazione non verbale ci sono: la prossemica (utilizzo dello spazio fisico), la postura assunta in piedi e da seduti, l'andatura, la gestualità espressa dalle braccia e dalle mani, i tic, la mimica facciale, l'emissione vocale.

Prossemica: gestione degli spazi

Riguarda la gestione consapevole o inconsapevole delle distanze in termini di spazio fra le persone. Ognuno di noi ha bisogno, come gli animali, di uno spazio personale, definito idealmente e che include un'area più o meno vasta attorno al proprio corpo. Si tratta del nostro "territorio", nel quale ci sentiamo protetti e che difendiamo dalle invasioni.

Mediamente le persone tendono a mantenere fra loro una distanza sociale di circa un metro, ma ciascuno fissa la propria "distanza di sicurezza" dagli altri in modo personale – in base anche a condizionamenti legati a fattori culturali, ambientali, di etnia – e si ritrae quando viene varcata l'immaginaria linea di confine.

Ed ecco spiegato il naturale imbarazzo che fatalmente avvertiamo ogni volta che ci troviamo stretti a degli sconosciuti sui mezzi pubblici affollati o forzati a condividere l'angusto spazio di un ascensore. Si tratta semplicemente di un'intimità di comunicazione sgradita perché non voluta ma costretta dalla situazione. Per migliorare le nostre abilità nel comunicare dovremo quindi prestare attenzione alla reazione che un nostro "avvicinamento" provoca nell'interlocutore, pronti a ritrarci se ci accorgiamo di non essere accettati ma vissuti come minacciosi o invasivi.

La scoperta dell'esistenza di una dimensione spaziale nelle relazioni tra le persone è dovuta all'antropologo americano Edward Hall che, negli anni Sessanta, ha studiato il comportamento umano rapportandolo a quello animale e ha definito le leggi della comunicazione prossemica.

Hall ha identificato un preciso rapporto fra il grado di intimità esistente fra gli interlocutori e l'area fisica da essi occupata: tanto più le persone sono intime, tanto minore è la distanza fra loro. Le nostre aree di azione sono normalmente quattro: area intima, personale, sociale, pubblica.

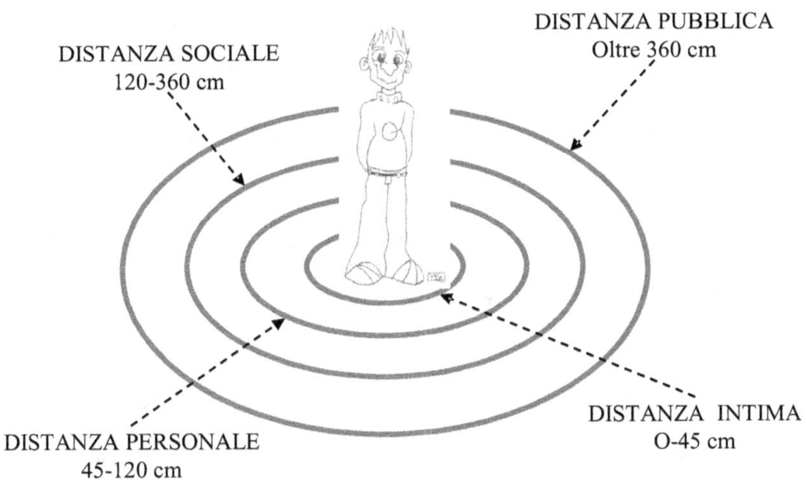

Aree della comunicazione prossemica

L'area più prossima noi (0-45 cm. circa) viene definitiva "intima" ed è quella nella quale accogliamo solo le persone con le quali siamo in confidenza, i familiari e gli amici più cari. In questa situazione anche olfatto e tatto diventano strumenti di comunicazione ed è possibile cogliere anche le sfumature nell'espressione e nel tono della voce.

Fra i 45 e i 120 cm., ovvero lo spazio che corrisponde al raggio d'azione concesso al nostro braccio teso, accettiamo i rapporti con i conoscenti. È l'area personale, utilizzata per i colloqui in genere e in tutti gli incontri amichevoli nei quali è ancora possibile il contatto fisico. La zona sociale arriva fino a 360 cm. I rapporti instaurati in quest'aerea sono formali, mantenuti neutrali dal punto di vista affettivo, riguardano in genere relazioni di lavoro. A questa distanza non è più possibile un contatto fisico e il tono di voce deve essere impostato a un certo volume.

La zona pubblica, infine, riguarda i rapporti intrattenuti a una distanza di almeno 360 centimetri. Non si verifica contatto fisico, la gestualità è ampia per essere maggiormente percepita, il volume della voce è più alto. È la distanza che si instaura, ad esempio, tra il relatore e il pubblico durante una conferenza e, come è facilmente riscontrabile, tanto più è ampia tanto più le persone tra il pubblico non si sentono ingaggiate in un rapporto diretto. Basti pensare al comportamento tenuto da chi si trova nelle prime file della platea – più attento a non distrarsi – e chi si trova nelle ultime e può anche assentarsi dalla sala senza avvertire un coinvolgimento particolare. Questa zona, infatti, viene definita anche "distanza di fuga" perché consente di allontanarsi dall'interlocutore senza particolari disagi.

Il comportamento spaziale, oltre che nella vicinanza, si manifesta anche attraverso l'orientamento assunto dal corpo (ad esempio due persone poste l'una di fronte all'altra segnalano accettazione reciproca, mentre se una delle due si gira lateralmente comunica un segnale di difesa), nel comportamento territoriale e nel movimento compiuto nell'ambiente fisico nel quale si svolge la comunicazione.

L'area che occupiamo durante una comunicazione va dunque intesa come un vero e proprio spazio scenico, da utilizzare in modo coerente con l'obiettivo che vogliamo raggiungere e tenendo ben presente l'impatto della nostra fisicità nei confronti degli interlocutori.

Cinesica: mimica e gestualità

La mimica rappresenta il più antico codice di comunicazione ravvicinata, molto precedente l'invenzione del linguaggio parlato e che riguarda il complesso delle contrazioni muscolari, prevalentemente del volto, che ne modificano la conformazione e l'espressione e che servono a manifestare in modo esplicito sensazioni e sentimenti.

Il linguaggio universale dei gesti

Attraverso la mimica è possibile gestire un primo feedback visivo, esercitato attraverso il "contatto d'occhio" che consente di tenere sotto controllo i movimenti del viso dell'interlocutore e, quindi, di avere una prima percezione della comprensione o meno del nostro messaggio.

Le reazioni mimiche ci permettono anche di cogliere aspetti di metacomunicazione, cioè che vanno oltre il senso vero e proprio dell'informazione verbale, rivelando ad esempio quando un'informazione è data in tono serio o in tono sarcastico.

Per gestualità intendiamo il complesso delle posizioni che può assumere il capo e dei movimenti impressi agli arti superiori e soprattutto alle mani, ma anche il modo con cui si assumono queste posizioni o si fanno questi movimenti. La sua nascita come forma di linguaggio è contemporanea alla mimica e rappresenta un fattore di comunicazione molto utile quando gli interlocutori sono lontani uno dall'altro. Consente inoltre di instaurare una sia pur rudimentale comunicazione tra persone che parlano linguaggi diversi.

Ci avvaliamo della gestualità per:

- **informare**, come sostituto della parola o come vero e proprio linguaggio, come nel caso del linguaggio dei sordomuti;
- **accentuare**, con movimenti del capo e/o delle mani per avvalorare o negare concetti espressi verbalmente;
- **relazionarci socialmente**, attraverso gesti che manifestano predominio o deferenza, come nel caso della stretta di mano, che ha differenti valenze e significati a seconda delle culture.

Questa forma di comunicazione rappresenta in molti casi un linguaggio universale. Ci sono, infatti, gesti uguali per tutti gli esseri umani: il sorriso per indicare felicità, il pianto se siamo tristi. Per dire di sì, scuotiamo la testa dall'alto in basso; se vogliamo dire di no, la scuotiamo da sinistra a destra o viceversa. E anche gesti come protendere le braccia in avanti per offendere o per difendersi, allargare le braccia e sollevare le spalle per significare di non sapere o di non capire, sono comuni a molte popolazioni.

Il linguaggio dei gesti diventa ancora più significativo nel momento in cui il soggetto passa dinamicamente da un atto all'altro. Occhi che guardano fisso, senza una direzione precisa e senza un battito di ciglia dicono qualcosa di profondamente diverso da occhi che passano dal volto dell'interlocutore alle pagine della documentazione che gli viene proposta, e viceversa. Gambe accavallate con disinvoltura, che restano così, immobili, sono molto meno preoccupanti di gambe che vengono improvvisamente accavallate strette, con un piede che ondeggia ritmicamente o se tutto ciò è accompagnato da uno spostamento del busto con conseguente allontanamento fisico dall'interlocutore.

I gesti sono veri e propri segni di interpunzione che, così come accade con il testo scritto, consentono all'interlocutore di capire se l'altro ha completato il suo pensiero, se ha ancora qualcosa da dire, se sta pensando a quello che dirà o se aspetta che il suo interlocutore dica la propria. Naturalmente ai fini della "lettura" il cosiddetto contatto d'occhio è essenziale.

Paralinguistica: uso della voce

Si tratta della gestione dei suoni vocali che consentono di usare una voce suadente o aggressiva pur esprimendo lo stesso concetto. Suoni dolci trasmettono un senso di affettività e complicità, suoni secchi e imperiosi evocano il rimprovero.

Anche l'enfasi posta su un particolare passaggio di una frase ne può modificare profondamente il significato. Prendiamo come esempio la frase "Io amo il mio lavoro". Se diamo enfasi alla prima parola (*Io* amo il mio lavoro) viene suggerita la possibilità che altri non lo amino nello stesso modo. Se l'accento è invece posto sulla quarta parola (Io amo il *mio* lavoro) il sottinteso potrebbe essere che non desideriamo coinvolgimenti nel lavoro di un altro.

Sincronizzare parole e linguaggio del corpo

Quando il tema della comunicazione non verbale viene approfondito nei corsi di formazione, solitamente i partecipanti mostrano segni di agitazione perché incominciano a interrogarsi sul fiume di informazioni che il loro corpo lascia trapelare a loro insaputa e senza sosta, qualche volta tradendo pensieri "inconfessabili".

In effetti diventare consapevoli del fatto che trasmettiamo in modo preponderante con il linguaggio del corpo (55%) e con il tono della voce (38%) può generare qualche apprensione. Soprattutto considerando che il messaggio autentico non è affatto quello che gestiamo con il residuale 7 % riservato alle parole.

D'altro canto il linguaggio del corpo è istintivo e involontario, perché l'attivazione e la disattivazione dei muscoli che determinano significativi mutamenti dell'aspetto esteriore dell'individuo, avvengono al di fuori della sua volontà (serrare le mascelle, stringere i pugni, arrossire, incrociare le braccia).

Non bisogna però affrontare questa nuova coscienza con ansia ma, al contrario, coglierne l'implicita sfida. La soluzione non è certo quella di imparare a "recitare" forzando i nostri gesti in una direzione coerente con i messaggi che esprimiamo. Malauguratamente il controllo potrebbe essere esercitato solo sui gesti più ampi, ma resterebbe l'abbondante gamma dei micromovimenti a "tradirci".

L'unico modo perché vi sia armonia nelle varie forme della nostra comunicazione è quello di dar voce con sincerità ai nostri pareri e alle nostre opinioni, senza provare sensi di inferiorità o inadeguatezza in nessuna circostanza. E questo si collega direttamente ai principi che si possono apprendere adottando un comportamento assertivo.

SEGRETO n. 5: gesti, espressioni del viso, vicinanza e lontananza dai nostri interlocutori rappresentano la "punteggiatura" dei nostri messaggi ed esprimono il significato più autentico dei nostri pensieri. Facciamo in modo che le nostre parole siano vere e in armonia con la comunicazione non verbale.

RIEPILOGO DEL GIORNO 1:

- SEGRETO n. 1: per comunicare al meglio ricordiamo che "il comportamento non ha un suo opposto" e manteniamo sempre alta la consapevolezza dell'insieme di messaggi che trasmettiamo in ogni situazione relazionale.

- SEGRETO n. 2: attiviamo sempre il feedback, senza temere di apparire noiosi. Quando siamo gli ascoltatori, riformuliamo sinteticamente quello che abbiamo capito del messaggio trasmesso dal nostro interlocutore. Quando siamo noi a esprimerci, chiediamo al nostro interlocutore se ci siamo spiegati in modo esauriente e se può esprimere il suo feedback.

- SEGRETO n. 3: le emozioni sono una parte importante del nostro modo di essere; evitiamo di reprimerle o ignorarle ma, al contrario, cerchiamo di esprimerle ai nostri interlocutori come parte fondamentale della nostra comunicazione.

- SEGRETO n. 4: analizzare le situazioni di comunicazione che ci hanno visto interagire con efficacia, in modo da patrimonializzare gli aspetti positivi. Riflettere alle situazioni critiche per elaborare piani di azione per migliorarsi.

- SEGRETO n. 5: gesti, espressioni del viso, vicinanza e lontananza dai nostri interlocutori rappresentano la "punteggiatura" dei nostri messaggi ed esprimono rappresentano il significato più autentico dei nostri pensieri. Facciamo in modo che le nostre parole siano vere e in armonia con la comunicazione non verbale.

GIORNO 2:
Cos'è l'assertività e
come diventare assertivi

L'assertività è un metodo di relazione con gli altri che si fonda sul principio fondamentale del rispetto reciproco sul piano della dignità umana e che si traduce nella sintesi: "Io sono OK, tu sei OK", ovvero:

- non mi lascio vivere la vita addosso ma la considero un progetto al quale partecipo da protagonista con atteggiamento proattivo (propositivo-attivo);

- ho fiducia in me stesso e nelle persone che incontro;

- opero le mie scelte assumendomi la responsabilità delle conseguenze, alle quali guardo con ottimismo, traendo esperienza da eventuali insuccessi;

- guardo agli altri cercando di comprenderli ed evitando di assumere atteggiamenti censori, di "etichettare" le persone o di ragionare in modo stereotipato e in base a pregiudizi;

- sono in grado di affermare i miei diritti senza essere lesivo nei confronti degli altri e senza essere assalito da ansie o sensi di colpa;
- sono capace di esprimere desideri, disapprovazione e giudizi con un linguaggio chiaro e diretto ma non in forma minacciosa o aggressiva.

Come si può notare si tratta di ispirare il proprio modo di vivere a criteri molto semplici nella loro esplicitazione: chiarezza, fiducia, onestà, rispetto, giustizia. Questi principi sono probabilmente quelli ai quali siamo stati tutti educati fin dalla nascita e che sono ben radicati nel nostro intimo. Sono sicuramente quelli che vorremmo veder applicati verso di noi e che ci piacerebbe poter adottare in ogni situazione.

Ma, nel percorso per diventare adulti socialmente integrati, a molti di noi capita di non riuscire più a ispirarsi a questi principi. Le esperienze di vita ci vedono spesso "costretti" a sperimentare situazioni sgradevoli: dall'impiegato arrogante del solito ufficio pubblico al medico che liquida le nostre ansie con un linguaggio forbito e incomprensibile, dall'insegnante che non è capace di trasferirci competenze ma pretende conoscenze fino alla frustrante competizione con i colleghi per emergere nell'ambiente di lavoro.

Di fronte a queste e altre difficoltà spesso reagiamo diventando dei "camaleonti" che si adattano a quello che immaginiamo che gli altri desiderino. Aduliamo chi occupa un posto di potere sperando di ottenere benefici, usiamo un linguaggio che rispetti le regole di ciò che è ben accetto e "normale", evitiamo di sottrarci a richieste che non desideriamo accogliere e tutto questo per non perdere la benevolenza di chi ci sta intorno.

Insomma, ci conformiamo a quelle che sembrano essere le regole ineluttabili della nostra società occidentale. Perdiamo di vista il nostro benessere ed entriamo a far parte della grande folla di persone stressate e depresse, che sperano di "ritrovarsi" frequentando un centro fitness due volte la settimana o un agriturismo per le vacanze estive.

La mia opinione è che vivere una buona vita, una vita che aspira alla felicità e serenità è possibile solo se ripartiamo da noi stessi. Il primo passo è ricominciare a volerci bene in modo profondo, accettando ciò che siamo di positivo e avviando la revisione di tutto quello che riteniamo migliorabile: io sono OK.

Il secondo passo è nello sguardo che rivolgiamo agli altri. Occorre smetterla con i sospetti ("Cosa avrà voluto dire con quella frase?"), le paure immotivate ("Se dico quello che penso veramente nessuno mi frequenterà più!"), le dietrologie ("È gentile con me solo per sfruttare le mie capacità") e adoperarsi per una fiduciosa riconciliazione con il resto dell'umanità: tu sei OK.

SEGRETO n. 6: essere assertivi significa relazionarsi con gli altri ispirandosi a un principio costante di reciproco rispetto; senza prevaricare gli altri, senza permettere agli altri di prevaricarci.

Tre "tipi" di comportamento
Anche se, naturalmente, non è mai possibile classificare in modo netto l'umanità, ai fini dell'analisi del comportamento degli individui può essere utile identificare le caratteristiche estremizzate di tre macro categorie: aggressivo, passivo e assertivo.

Esaminandole ci accorgeremo facilmente che le distinzioni non sono sempre possibili in modo netto. Noi stessi probabilmente ci riconosciamo a volte in un comportamento a volte in un altro, a seconda delle circostanze e degli interlocutori. La divisione in categorie ci serve per evidenziare le prevalenze comportamentali e per poter cogliere in modo più evidente le caratteristiche di un atteggiamento non assertivo.

Io sono OK, tu non sei OK

Il comportamento aggressivo (io sono OK, tu non sei OK) appartiene a individui che si ritengono "superiori", si sentono sempre "nel giusto", hanno la tendenza a giudicare in maniera perentoria, sono esigenti e competitivi.

Si manifesta attraverso l'espressione di opinioni e bisogni con modalità che umiliano i sentimenti, le idee e i diritti degli altri e con uno stile di relazione dominante e autoritario che non tiene in considerazione il rispetto della dignità della persona.

Chi adotta questo comportamento autoritario tende sempre a imporre le proprie idee senza realmente ascoltare le opinioni degli altri, utilizza la propria irruenza verbale – che sfocia spesso in scatti di collera – per destabilizzare e prendere alla sprovvista gli interlocutori, affronta un rapporto pensando di doverne uscire sempre vincente.

Questo individuo, che parte da una posizione di grande stima di sé, si sente superiore agli altri e ritiene di avere tutti i diritti. Il suo comportamento rivela arroganza, invadenza e caparbietà. Molto esigente con se stesso e con le persone che lo circondano, è portato a emettere giudizi senza appello sul comportamento altrui: buono-cattivo, male-bene, giusto-sbagliato. Nel lavoro, si circonda di *yes-men* perché non ama essere contraddetto.

È molto laborioso, concreto, competitivo, pronto ad assumersi ogni responsabilità e, non fidandosi degli altri e delle loro capacità, non esercita la delega. Nervoso, facilmente irritabile, si sente frustrato e – sottoposto com'è a superlavoro – soffre di forti stress e tensioni che gli causano frequenti disturbi somatici. Quando una persona assertiva incontra un aggressivo, l'obiettivo è quello di ristabilire un livello di pari, reciproco rispetto. Non accettando, pacatamente ma con grande fermezza, l'atteggiamento autoritario e prepotente.

Esempio

Io sono OK, tu non sei OK

Il direttore amministrativo cerca urgentemente una pratica importante che sembra svanita nel nulla. Si rivolge alla sua assistente e la apostrofa: "Possibile che tu non tenga mai aggiornato l'archivio? Sei veramente disordinata, non ci si può fidare di te!".

Nella categoria degli "Io sono OK" c'è anche un altro tipo di comportamento che è possibile incontrare e che ha delle affinità sia con lo stile passivo sia con quello aggressivo. Si tratta dell'aggressivo-passivo o aggressivo-latente, uno stile meno facile da individuare rispetto all'aggressivo puro. In questo caso, infatti, ci troviamo di fronte a persone che fingono un vivo "interesse per gli altri", che si propongono come ascoltatori attenti e offrono collaborazione, aiuto e consigli non richiesti per risolvere problemi di qualunque natura.

In realtà, questo comportamento maschera una profonda insicurezza e il tentativo di manipolare il rapporto con gli altri per raggiungere i propri fini con scaltrezza. La comunicazione è enfaticamente positiva, l'immagine di sé che queste persone cercano di trasmettere è fintamente dimessa. Da un lato affermano valori profondi sul piano esistenziale mentre, dall'altro, tutto il loro modo di vivere tradisce le loro ambizioni e il recondito compiacimento che provano nel ritenersi superiori agli altri.

La loro manipolazione è spesso efficace, anche perché tendono a circondarsi di persone che vivono una qualche "fragilità" (giovani che devono ancora operare scelte importanti, persone in difficoltà professionale o, semplicemente, timide e insicure), alle quali è facile offrirsi come sostegno e dalle quali si ricevono grandi gratificazioni sul piano della riconoscenza. L'incontro con un comportamento assertivo li mette subito in fuga perché vedono facilmente smascherate le loro "manovre".

SEGRETO n. 7: il comportamento aggressivo rivela una personalità debole, incapace di una relazione aperta e costruttiva. Cerchiamo di essere consapevoli dei nostri tratti aggressivi per evitarli e non accettiamo le sfide degli aggressivi cercando di riportare le loro manifestazioni su un piano concreto e razionale.

Io non sono OK, tu sei OK

Il comportamento passivo (io non sono OK, tu sei OK) appartiene a individui che si sentono frequentemente inadeguati nel contesto lavorativo e sociale, spesso "subiscono" le pretese degli altri e hanno una scarsa stima di sé. Si manifesta con uno stile di relazione remissivo, indiretto, rinunciatario, inibito e pieno di scuse.

Questi individui provano scarsa stima di sé e ritengono di non avere diritti rispetto agli altri. Se ricevono *stroke* positivi e complimenti reagiscono con manifestazioni di disagio ritenendo immotivato il giudizio positivo e la fiducia degli altri. Socialmente si sentono a disagio in quanto ritengono di non "essere all'altezza" delle situazioni. Fortemente autocritici, vivono continui sensi di colpa e di inferiorità, preoccupandosi molto di quel che possono pensare gli altri di loro. Il loro comportamento è schivo, sottomesso, e anche il linguaggio è pieno di scuse e di timore. Vanno soggetti a crisi depressive e di ansia.

Nei confronti dell'atteggiamento passivo, la persona assertiva deve compiere uno sforzo forse maggiore che con l'aggressivo. È infatti meno facile reagire a un comportamento fondamentalmente gentile, collaborativo, accomodante, imponendosi di riportare il rapporto su un piano paritario OK-OK.

Determinate affermazioni e reazioni, dettate dall'obiettivo di non fare il gioco del passivo alimentando il suo senso di inferiorità, potranno risultare aggressive anziché leali. I risultati positivi non saranno immediati, potranno verificarsi anche a distanza di molto tempo ma saranno consistenti e duraturi.

Esempio

Il direttore dell'ufficio amministrativo cerca urgentemente una pratica importante che sembra svanita nel nulla. Si rivolge alla sua assistente e le dice: "Mi spiace sollecitarti ancora ma quella pratica di cui abbiamo parlato ieri adesso mi servirebbe proprio… non potresti guardare ancora una volta in archivio? Se vuoi posso darti una mano".

Io non sono OK, tu sei OK

SEGRETO n. 8: anche il comportamento passivo è sintomo di una personalità debole che cerca costantemente l'appoggio degli altri per non affrontare i problemi e le scelte che la vita propone. Non siate complici di tale atteggiamento, evitate di risolvere i loro problemi, non fornite loro consigli su ogni cosa. Aiutateli a sentirsi più sicuri favorendo il fatto che siano loro a scegliere e ad assumersi le loro responsabilità.

Io sono OK, tu sei OK

Il comportamento assertivo (io sono OK, tu sei OK) è quello adottato da una persona che sa difendere i propri diritti senza violare quelli dell'interlocutore, che è consapevole dei sentimenti altrui e ne tiene conto, che si assume la responsabilità delle proprie azioni e le relative conseguenze.

La relazione interpersonale è gestita in modo diretto, chiaro e sincero pur esprimendo sempre correttezza, lealtà e rispetto delle opinioni personali. Una persona assertiva dà evidenza ai fatti e non alle opinioni e, in questo modo, raggiunge una maggiore obiettività e imparzialità nelle decisioni. Descrive e fornisce motivazioni esplicite quando formula una richiesta o avanza una proposta consentendo uno scambio relazionale su basi realistiche.

Accoglie positivamente le critiche valutandole come nuovi importanti punti di vista che consentono di vedere la realtà da un'ottica diversa che può rappresentare un arricchimento altrimenti impossibile. Chi pratica un comportamento assertivo utilizza appieno l'ascolto attivo ed è attento a fornire e sollecitare feedback che consentano di verificare sempre la correttezza dei messaggi intercorsi durante la comunicazione.

Un comportamento assertivo, infine, consente di:

- essere i primi giudici della propria condotta;
- ammettere la possibilità di cambiare idea e, anche, di commettere errori;
- poter dire "non lo so", "non capisco" e anche "questa cosa non mi interessa".

L'individuo che adotta questo comportamento ha grande sima di sé e assume un atteggiamento positivo, comprensivo, tollerante e ottimista nei confronti degli altri, manifestando loro pieno rispetto. Ha uno stile di comunicazione aperto, diretto, chiaro, pronto al dialogo con partecipazione e disponibilità.

Si tratta di una persona con mentalità flessibile, eclettica negli interessi, che possiede senso dell'umorismo ed è capace di non prendersi troppo sul serio. Nei rapporti evita di emettere giudizi, cerca di accettare se stesso e gli altri conscio che ognuno ha qualcosa di positivo da esprimere.

È un individuo che pone a se stesso e agli altri aspettative realistiche, ricerca i cambiamenti come occasione di crescita e risolve i problemi in modo vincente. Gode di buona salute, prova gioia e contentezza.

Esempio

Io sono OK, tu sei OK

Il direttore amministrativo cerca urgentemente una pratica importante che sembra svanita nel nulla. Si rivolge alla sua assistente e dice: "Carla, vedo che non hai rintracciato quella pratica di cui abbiamo parlato ieri. Mi serve per esaminarla entro le 16.00. Si tratta di una cosa importante alla quale dare priorità assoluta. Come pensi di rispettare la scadenza?"

L'assertività è per tutti?

Non esistono praticamente limiti a ciò che una persona può ottenere in termini di crescita – come dicono gli americani: "Il tuo confine è il cielo" – e il noto studioso Abraham H. Maslow ha dimostrato la possibilità per l'umanità di perseguire "l'autorealizzazione", ovvero il più alto livello nell'evoluzione dell'essere.

Il primo passo, però, riguarda ancora il tema della consapevolezza. In questo caso dobbiamo prendere atto e analizzare i numerosi condizionamenti ai quali siamo stati sottoposti fin dalla nascita e che – come già accennato – erano finalizzati a farci raggiungere quell'adattamento sociale che corrisponde all'immagine di ciò che la società dice che dovremmo essere a livello "medio" o "normale".

Proprio tali condizionamenti spesso ci impediscono, da adulti, di essere protagonisti della nostra esistenza e del nostro destino, di vivere la nostra vita in modo soddisfacente ed emozionante. Spesso "adattarsi" significa integrarsi abbandonando sogni, speranze e ambizioni.

Diventare una persona assertiva è quindi possibile per chiunque, purché si sia animati dal desiderio di approfondire la conoscenza con se stessi e di interagire con gli altri attraverso un comportamento partecipe e proattivo, ovvero interpretando la propria esistenza da attori protagonisti e non da semplici "comparse" le cui scelte dipendono quasi esclusivamente dalle stimolazioni e dalle richieste avanzate da altri.

La persona assertiva, infatti, si impegna ad assumere un atteggiamento responsabile che affronta le conseguenze delle proprie azioni con piena fiducia in sé e nelle persone che la circondano. Nella relazione con gli altri una persona assertiva intraprende un progetto impegnativo, che richiede il coraggio di abbandonare il comodo terreno degli stereotipi e dei pregiudizi per guardare alle persone come fonte di arricchimento, di positivo confronto e di evoluzione.

Condanne e giudizi generalizzati non fanno parte del modo di pensare di una persona assertiva, che riesce però a comunicare i propri desideri e ad affermare i propri diritti o disapprovazione e giudizi, in maniera chiara e diretta evitando toni minacciosi o aggressivi e senza angosciarsi e affliggersi con inutili sensi di colpa: *l'assertività serve a difendere, fermamente ma senza aggressività, i nostri valori.*

SEGRETO n. 9: la persona assertiva si impegna ad assumere un atteggiamento responsabile che affronta le conseguenze delle proprie azioni con piena fiducia in sé e nelle persone che la circondano.

L'approccio assertivo: attenersi ai fatti, evitare le opinioni

Il dizionario Garzanti definisce opinione "ciò che si pensa di qualcuno o di qualcosa, pur senza la certezza di essere nel giusto". Le opinioni, infatti, sono strettamente soggettive, probabili ma non certe e – in genere – non apportano benefici alla soluzione di un problema.

Le differenze tra un fatto e un'opinione sono piuttosto lampanti. I fatti sono eventi ai quali abbiamo assistito e, quindi, frutto della nostra osservazione. Si presentano in numero abbastanza limitato e possono essere condivisi in termini concreti con gli altri.

Le opinioni rappresentano dei giudizi che vengono formulati su ciò che si sta verificando, ovvero si fondano su eventi noti ma sono delle ipotesi sull'ignoto spesso indipendenti dall'osservazione diretta. La loro correttezza è più o meno probabile ma non indiscutibile. Il numero delle opinioni è infinito perché ogni persona può maturarne una propria.

Poniamo che un cliente, avendo avuto un inconveniente con la vostra azienda, vi aggredisca al telefono affermando che siete incompetenti, poco seri e disonesti.

Se reagirete sostenendo che, al contrario, la vostra azienda è molto seria, preparata ed etica sarà perfettamente inutile e continuerete la discussione dibattendo delle reciproche opinioni.

Se invece chiederete al cliente di spiegarvi in concreto la natura del problema e fornirete delle valide soluzioni, non solo avrete risolto il problema ma la reputazione della vostra azienda ne avrà tratto un grande beneficio influenzando l'opinione del cliente.

Perciò l'approccio assertivo suggerisce – in ogni circostanza nella quale si esprime un parere, una critica o si chiedono informazioni – di ispirarsi alla massima razionalità cercando di essere concreti ed essenziali.

Attenersi strettamente ai fatti e portare le prove di quanto si sostiene, rende maggiormente credibili le affermazioni e favorisce una comunicazione efficace. Inoltre, evitare un approccio colpevolizzante a favore di un metodo razionale, favorisce la possibilità di trovare un accordo su problematiche anche complesse, diminuendo resistenze e aggressività.

Un approccio razionale prevede che i messaggi vengano espressi in forma impersonale e acritica, assumendosi la piena responsabilità dei sentimenti che si provano: "Mi sono arrabbiato quando ho visto che avevi usato il mio maglione senza chiedermelo in prestito; mi preoccupa che...; mi sento a disagio quando..." e non: "Mi hai fatto arrabbiare...; mi fai preoccupare...; mi metti a disagio..."

In tal modo la discussione si orienta alla positiva ricerca di soluzioni tangibili che diano vita a un piano d'azione fattivo, anziché diventare uno sterile e improduttivo sfogo di risentimenti e insoddisfazioni.

Un esempio concreto

Provate a sperimentare la vostra capacità di distinguere tra un fatto e un'opinione con un piccolo esercizio concreto. Leggete il breve testo che segue.

Una sera rientrate a casa tardi, e vedete che le luci del vostro soggiorno sono accese. Di fronte a casa vostra è parcheggiata una sola auto. Sul parabrezza di questa auto, accanto al contrassegno dell'Ordine dei Medici, c'è scritto in piccole lettere dorate: dottor Armando Rossi.

Ora esaminate le quattro affermazioni proposte di seguito e stabilite se ciascuna di esse è vera (V), falsa (F) oppure non avete elementi certi per poterla definire vera o falsa (?).

	Vero	Falso	?
1. L'auto parcheggiata di fronte a casa vostra ha delle lettere impresse sul parabrezza.			
2. Un membro della vostra famiglia è ammalato.			
3. Di fronte a casa vostra non è parcheggiata alcuna auto.			
4. L'auto parcheggiata di fronte a casa vostra è di proprietà del dottor Armando Rossi.			

Avete deciso? Bene, ora confrontate le vostre decisioni con quelle che proponiamo di seguito e verificate quanto le deduzioni tendano a diventare "fatti".

Prima affermazione: nell'episodio si afferma chiaramente che di fronte a casa vostra è parcheggiata un'auto che ha delle lettere impresse sul parabrezza. L'affermazione è assolutamente vera.

Seconda affermazione: come fate a saperlo? Forse il dottor Rossi è venuto a farvi una visita o è andato da qualche vicino che abita dall'altra parte della strada. L'affermazione dunque è ambigua.

Terza affermazione: l'episodio afferma esattamente il contrario. L'affermazione, dunque, è assolutamente falsa.

Quarta affermazione: ne siete proprio sicuri? Forse, questo dottor Rossi ha appena venduto la sua auto e il nuovo proprietario non si è ancora preoccupato di togliere il contrassegno. In ogni caso, l'episodio non è esplicito in questo senso. L'affermazione, dunque, va considerata ambigua.

SEGRETO n. 10: abituatevi a distinguere i fatti – direttamente osservati, concreti, attestati da dati oggettivi, con indicatori numerici di quantità e frequenza – dalle opinioni, ovvero il pensiero soggettivo che ognuno di noi può maturare anche rispetto a fatti ai quali non ha assistito.

Come diventare assertivi: un progetto in sette step

Tempo fa ho letto una frase – di cui purtroppo non conosco l'autore – che a mio parere sintetizza molto bene la "posizione mentale" che è necessario assumere per avviare un qualsiasi progetto che mira a un miglioramento: «Alcuni credono di poter migliorare senza cambiare, molti credono di poter cambiare senza apprendere, troppi credono di poter apprendere senza mettersi in discussione.»

Per diventare OK-OK occorre compiere la fatica non indifferente di mettersi in discussione in modo profondo, concentrando l'attenzione sulle due componenti fondamentali della relazione interpersonale:

- **l'ascolto**, in termini di attenzione dedicata all'altro, di sforzo per comprendere bene e ammettere la sua posizione anche se diversa dalla propria;
- **l'espressione**, per riuscire a spiegare all'altro – chiunque sia – la nostra posizione e farla ugualmente ammettere e rispettare.

In qualche caso si tratterà solo di affinare una modalità di comportamento che già ci appartiene, in altri forse dovremo capovolgere completamente il nostro modo di approcciare le situazioni. Può anche accadere – anzi, è quasi certo – che le persone che frequentiamo guardino con scetticismo ai primi tentativi di relazione assertiva. È importante non farsi demoralizzare e perseverare con tenacia, traguardando piccoli obiettivi. Le sette dimensioni che fanno parte del comportamento assertivo e che vengono sviluppate nei capitoli successivi sono:

Gli elementi dell'assertività

In pratica: autovalutazione di assertività

Prima di procedere approfondendo i fattori che costituiscono il comportamento assertivo, provate ad accertare quali ostacoli si frappongono fra il vostro attuale modo di fare e lo stile "Io sono OK, tu sei OK". Verificate se vi capita di trovarvi in alcune delle situazioni elencate di seguito pensando non solo al contesto professionale ma anche a circostanze generali:

	sempre	a volte	quasi mai
1. Avviare nuovi rapporti e mantenere relazioni mi crea qualche problema.			
2. Cerco di stare attento a non urtare la suscettibilità di nessuno.			
3. Difficilmente riesco a esprimere i miei pensieri e le emozioni più profonde.			
4. Esprimo chiaramente e senza disagio le mie opinioni anche ai superiori.			
5. Faccio in modo di comunicare sempre le mie aspettative a superiori, colleghi e collaboratori.			
6. Mi piace riconoscere i meriti dei miei collaboratori e mi complimento con loro.			
7. Mi sento a disagio nel lavorare con i superiori o con chi ha posizioni di autorità.			
8. Non riesco a rifiutarmi di assecondare una richiesta.			
9. Non riesco a sondare le persone per scoprire cosa pensano e sentono davvero.			
10. Quando devo chiedere agli altri di fare qualcosa mi trovo in difficoltà.			
11. Quando mi vengono mosse delle critiche riesco a rispondere con calma e serenità.			

12. Quando sbaglio faccio fatica ad ammetterlo.			
13. Quando un collega mi critica ingiustamente, non esito a esporre le mie ragioni.			
14. Quando un superiore esprime opinioni dalle quali dissento decisamente, non esito a esporre il mio punto di vista.			
15. Reagisco con sgarbo quando ricevo critiche negative.			
16. Se devo esprimere delle valutazioni oggettive sul lavoro dei colleghi/dipendenti, esprimo anche valutazioni negative senza particolari problemi.			
17. Se i miei collaboratori e/o colleghi sbagliano, glielo faccio rilevare con chiarezza.			
18. Se qualcuno mi interrompe mentre parlo sono capace di esprimere la mia contrarietà.			
19. Sono capace di mantenere la calma quando tratto con una persona infuriata.			
20. Spesso gli altri riescono a convincermi a fare cose di cui non mi voglio occupare.			

Assegnatevi tre punti per ogni risposta "sempre", due punti per ogni risposta "a volte" e un punto per ogni risposta "quasi mai".

Sommate i punteggi e indicate il totale nel riquadro sotto riportato.

Punteggio totale:

Questo è il vostro punto di partenza. Naturalmente la vostra assertività è tanto più sviluppata tanto più il punteggio totale si avvicina al valore 60. Se non avete risposto "quasi sempre" a tutte le situazioni è senz'altro il momento di passare all'azione e assumere un comportamento maggiormente assertivo.

RIEPILOGO DEL GIORNO 2:

- SEGRETO n. 6: essere assertivi significa relazionarsi con gli altri ispirandosi a un principio costante di reciproco rispetto; senza prevaricare gli altri, senza permettere agli altri di prevaricarci.

- SEGRETO n. 7: il comportamento aggressivo rivela una personalità debole, incapace di una relazione aperta e costruttiva. Cerchiamo di essere consapevoli dei nostri tratti aggressivi per evitarli e non accettiamo le sfide degli aggressivi cercando di riportare le loro manifestazioni su un piano concreto e razionale.

- SEGRETO n. 8: anche il comportamento passivo è sintomo di una personalità debole che cerca costantemente l'appoggio degli altri per non affrontare i problemi e le scelte che la vita propone. Non siate loro complici, evitate di risolvere i problemi per conto di queste persone, non fornite loro consigli su ogni cosa. Aiutateli a sentirsi più sicuri favorendo il fatto che siano loro a scegliere e ad assumersi le loro responsabilità.

- SEGRETO n. 9: la persona assertiva si impegna ad assumere un atteggiamento responsabile che affronta le conseguenze delle proprie azioni con piena fiducia in sé e nelle persone che la circondano.

- SEGRETO n. 10: abituatevi a distinguere i fatti – direttamente osservati, concreti, attestati da dati oggetti, con indicatori numerici di quantità e frequenza – dalle opinioni, ovvero il pensiero soggettivo che ognuno di noi può maturare anche rispetto a fatti ai quali non ha assistito.

GIORNO 3:

Come sviluppare
fiducia in se stessi – 1° step

Il nostro comportamento, il modo che utilizziamo per approcciare gli altri e, in generale, ogni nostra azione, sono frutto delle opinioni che abbiamo maturato nel tempo e che – come già accennato nel Giorno 2 a proposito del feedback – spesso si sono formate durante la nostra gioventù come risultato dell'educazione familiare e scolastica.

Se l'ambiente nel quale abbiamo sviluppato le nostre capacità di socializzazione ci ha fornito validi modelli, equilibrati messaggi di conforto, positivi incoraggiamenti e un clima affettivo sereno, probabilmente diventeremo adulti sicuri e ottimisti riguardo l'esito delle nostre scelte e il nostro futuro.

Ma alcuni messaggi, ricevuti soprattutto durante l'adolescenza, possono aver avuto conseguenze sul nostro comportamento adulto e generato insicurezze profonde legate al concetto di sé. Sono tali insicurezze che, ad esempio, fanno adottare atteggiamenti di finta modestia a fronte di un buon risultato conseguito. Frasi come "Non fare il presuntuoso, non essere superbo, la modestia è una grande qualità", ci possono portare a considerare l'orgoglio come un sentimento dal quale rifuggire, anche quando sarebbe più che giustificato.

Altri messaggi come "Fai il bravo, devi essere sempre in ordine, non ti arrabbiare, non alzare la voce, stringi i denti e resisti", possono indurre a reprimere i sentimenti, a evitare le persone adirate, a temere di provocare guai. O, ancora, esortazioni del tipo "Che cosa penserà la gente, non dire sempre quello che pensi, non fare domande stupide, non interrompere", possono generare sensi di colpa e frustrazione quando le cose non vanno benissimo, aspettative irrealistiche o affannoso e sterile perfezionismo.

Tutti questi condizionamenti rappresentati dalle regole morali che abbiamo appreso (stai seduta composta), dalle abitudini in uso nella nostra famiglia (hai appena mangiato, non puoi fare il bagno), dai pregiudizi ai quali siamo stati "esposti" (la cucina è cosa da donne) e il nostro bisogno di rispetto e di approvazione sociale, hanno concorso a sviluppare l'immagine che ci siamo fatti di noi stessi (concetto di sé).

Fiducia in sé

Questa percezione può influenzare notevolmente la nostra capacità di instaurare delle relazioni interpersonali soddisfacenti. Ad esempio, può farci attribuire un'importanza eccessiva all'approvazione altrui – dai familiari ai collaboratori – portando inevitabilmente ad atteggiamenti di eccessiva arrendevolezza. Il desiderio di piacere agli altri non è di per sé negativo ma non deve indurci a indossare tante "maschere" quante sono le persone che incontriamo senza mai trovare la forza di esprimerci con naturalezza e originalità.

Il passato però non deve essere considerato come la fonte di tutti i nostri guai attuali e non dobbiamo cadere nella trappola di continuare a imputare agli altri le nostre fragilità e ansie.

Se pure così è stato, è altrettanto vero che quegli stessi condizionamenti hanno formato la nostra personalità anche nelle sue componenti positive. Un padre dispotico probabilmente ci ha lasciato nel contempo in eredità una ferma onestà della quale andiamo fieri e così ogni esperienza che abbiamo vissuto ci ha permesso di costruire ciò che siamo oggi.

È consigliabile evitare di continuare a guardare indietro e incominciare ad adottare un nuovo punto di vista fondato sul considerare il nostro passato come fonte di esperienza, ricchezza, bellezza, verità e saggezza che ci ha permesso di essere noi stessi. Nello stesso modo evitiamo di cadere nella trappola della futurizzazione, che può diventare la più distruttiva delle abitudini se il presente viene sempre usato per pianificare un futuro che... non arriva mai.

Se, ad esempio, cerchiamo di accumulare denaro per poter vivere felici per sempre, non otterremo mai la felicità. Lo scopo di tutta la vita diventerà questo inseguimento perché appena saremo prossimi al traguardo ci creeremo un nuovo "obiettivo-miraggio" e avremo la sensazione di aver bisogno di altro denaro.

Vivere il presente non significa abbandonare ogni pianificazione futura, bensì evitare quelle pianificazioni che in realtà sono inutili, frustranti o che rappresentano degli alibi per non vivere appieno l'esistenza.

Per stare bene, dobbiamo provare a orientarci maggiormente al presente, perché è l'unico tempo che abbiamo realmente a disposizione. Infatti, se viviamo continuamente volando con la mente attraverso il tempo, ora per ricordare con nostalgia il passato o per rimuginare su qualche errore, ora per preoccuparci del futuro, finiremo per trascorre l'esistenza "assenti", estraniati dall'unico tempo in cui possiamo in realtà vivere.

SEGRETO n. 11: riandare al proprio passato prendendo atto di tutte le fonti che hanno determinato il proprio modo di

essere attuale, valorizzando quelle che rappresentano dei punti di forza e abbandonando quei condizionamenti che rappresentano un ostacolo alla stima di sé.

Come agire: convocare una riunione con se stessi

L'assertività si fonda su una solida fiducia in se stessi, il che significa conoscersi e apprezzarsi per quello che si è oggi, al presente appunto. Facile a dirsi, molto meno facile a farsi. Alzi la mano chi, almeno una volta nella vita, non è stato invitato a descriversi con qualche aggettivo che sintetizzasse le sue qualità e i suoi difetti (come capita spesso nei colloqui di selezione).

La reazione più tipica è quella di affermare che è difficile esaminarsi con oggettività e che devono essere gli altri a giudicare. E, infine, schernirsi a proposito dei pregi ed enfatizzare due o tre difettucci che, a ben guardare, forse possono essere anche delle qualità: "Mi dicono che sono un po' troppo precisa e ordinata." Oppure: "Sono molto schietto e qualche volta rischio di offendere le persone."

In molti casi è il timore di apparire sfacciati o superbi che determina questa reazione ma, frequentemente, è vero che il tempo che riserviamo al pensare a noi stessi è molto poco o addirittura nullo.

In effetti, è molto probabile che gli impegni quotidiani professionali e familiari non ci consentano da tempo di fermarci semplicemente per pensare a noi e a come siamo fatti in termini di carattere e personalità, alla nostra esistenza, alle scelte che stiamo per compiere, a ciò che desideriamo. Lo stile di vita che la maggior parte di noi conduce attualmente ci fa considerare una riunione con noi stessi una non-attività, ovvero una perdita di tempo.

Ma l'adozione di uno stile di comunicazione assertiva si basa, prima di tutto, su un buon rapporto con se stessi, generato dal conoscersi e dal confidare sulle proprie qualità e positività e, nel contempo, sull'individuazione di quelle aree deboli della personalità e del comportamento che possono diventare oggetto di miglioramento. Questo lavoro di analisi è necessario per presentarci a noi stessi in una luce favorevole e raggiungere un'intima conoscenza e consapevolezza del proprio valore, purché fondata sulla realtà dei fatti: se fingo di possedere doti che non ho sono vanaglorioso, ma se mi piacciono le doti che possiedo ho solo stima in me stesso.

In definitiva, se non piaci a te stesso lo rivelerai con tutto il tuo comportamento e anche agli altri sarà difficile guardarti in modo favorevole. Iniziate pertanto decidendo un giorno, un orario e un luogo confacenti che vi vedranno impegnati a riflettere oggettivamente su di voi. Un foglio di carta e una penna serviranno per elencare il maggior numero possibile di aggettivi che vi descrivono.

Se siete in difficoltà e vi ritrovate bloccati potete aiutarvi con l'esercizio riportato al termine del capitolo che vi servirà come traccia per scoprire quali sono i tratti che maggiormente vi caratterizzano fra gli aggettivi indicati. Si tratta solo di uno spunto di partenza ma si possono facilmente aggiungere molti altri attributi e completare il proprio personale quadro di riferimento che consentirà di elaborare un "piano d'azione" per acquisire le qualità che difettano e migliorare il proprio concetto di sé.

SEGRETO n. 12: convocare una riunione con se stessi scegliendo un luogo confortevole e al riparo da ogni disturbo per tutto il tempo necessario e fare l'inventario di sé, ovvero esaminare il proprio comportamento e i tratti della personalità, prendendo brevi annotazioni scritte.

Cosa vedono gli altri di noi: la "finestra di Johari"

A proposito di percezione, è importante ricordare che quel che pensiamo di noi stessi non ci descrive sempre in modo completo. Questa situazione è stata messa in luce molto bene da due psicologi, Joseph Luft e Harry Ingham, che hanno proposto un modello grafico del comportamento interpersonale, chiamato "finestra di Johari" dall'unione dei loro nomi.

La finestra di Johari

I quattro quadranti nella figura rappresentano l'intera persona nelle sue relazioni con gli altri. La base sulla quale è stata effettuata la suddivisione in quadranti è la consapevolezza del comportamento, dei sentimenti e delle motivazioni. A volte la consapevolezza è condivisa, a volte no. Un'azione, un sentimento o una motivazione vengono attribuiti a un certo quadrante tenendo conto di chi li conosce.

L'area conosciuta si riferisce alle informazioni note a sé e all'altro. Riguarda tutte quelle conoscenze che decidiamo di condividere con l'altro e che consentono di mantenere la nostra relazione convenzionale con quella persona.

La seconda zona è strettamente correlata alla prima e si definisce **area nascosta o privata** perché si riferisce alle informazioni che il soggetto non ha ancora comunicato, come i sogni, le ambizioni, i progetti, alcune opinioni. Quando vengono manifestati questi dati si spostano nell'area conosciuta. Pertanto nei confronti di ogni interlocutore quest'area sarà più o meno ampia in conseguenza dell'ampiezza dell'area conosciuta e il numero di informazioni muterà dinamicamente approfondendo la conoscenza.

Nell'**area cieca** sono contenute le informazioni che l'interlocutore non ha rivelato all'interessato, come le opinioni e impressioni che si è formato su di lui. Può darsi, ad esempio, che qualcuno pensi a sé come un individuo disponibile e premuroso e venga invece recepito da alcuni come una persona invadente e importuna. Solo se verrà fornito un feedback – positivo o in termini di critica costruttiva – queste informazioni ignote all'interessato potranno essere trasferite nell'area conosciuta e consentirgli di migliorare la corretta percezione che ha di sé.

L'area ignota o inesplorata rappresenta aspetti dell'Io che devono ancora essere esplorati come, ad esempio, contenuti profondi, potenzialità oppure reazioni di fronte a determinate situazioni di pericolo. Ad esempio, nessuno può affermare con certezza che tipo di effetto scatenerà su di lui l'essere vittima di uno scippo se quell'evento non si è ancora verificato. Così come se non siamo mai stati narcotizzati non sappiamo come saranno le nostre reazioni di incoscienza.

Secondo il modello di Johari, l'interazione con gli altri dovrebbe aiutarci ad aumentare sempre di più la dimensione dell'area conosciuta e ciò conferma l'importanza della ricerca del confronto con gli altri e dell'instaurarsi di relazioni aperte alla critica costruttiva.

SEGRETO n. 13: affrontare il rapporto con gli altri con apertura a valutare le critiche, con atteggiamento disponibile

per riconoscere ogni opportunità per essere meno "ciechi" rispetto a noi stessi.

In pratica: autoanalisi del concetto di sé

Come anticipato, la stima di sé va intesa come un inventario. Per aiutarvi a definire il vostro, di seguito sono elencati alcuni aggettivi che possono indicare il comportamento individuale. Esaminate ogni aggettivo e decidete se vi rappresenta oppure no apponendo una crocetta nella colonna che più si avvicina alla vostra risposta.

	sempre	spesso	a volte	quasi mai		sempre	spesso	a volte	quasi mai
Affidabile					Estroverso				
Aggressivo					Fiducioso				
Allegro					Forte				
Ambizioso					Freddo				
Ansioso					Generoso				
Autoritario					Impaziente				
Calmo					Impulsivo				
Comprensivo					Indifferente				
Concreto					Innovativo				
Controllato					Iperprotettivo				
Cordiale					Leale				
Cortese					Organizzato				
Coscienzioso					Orgoglioso				
Creativo					Perfezionista				
Credulone					Permaloso				
Critico					Preciso				

Ora riportate nella tabella che segue solo gli aggettivi che avete indicato nella colonna "Spesso".

1)	2)	3)
4)	5)	6)
7)	8)	9)
10)	11)	12)
13)	14)	15)

A questo punto si potrà chiedere a qualche amico sincero di compilare l'elenco di aggettivi pensando a noi. Dal confronto delle rispettive percezioni, secondo il modello della "finestra di Johari", emergerà un quadro ancora più oggettivo della vostra personalità. Fatto il bilancio dei "più" e dei "meno", occorre esaminare i tratti che sarebbe opportuno correggere e stabilire delle azioni concrete per modificarli.

Poniamo che vi siate scoperti "impazienti". Potete fare degli esercizi che vi obblighino a rallentare il ritmo come, ad esempio, se vi state innervosendo in coda allo sportello della banca, cedere il posto alla persona dietro di voi. Oppure, potreste sforzarvi di guidare dieci minuti dietro una cosiddetta "lumaca" senza imprecare o cercare di superarla. Vi renderete conto che non si muore per questo! Se invece vi siete giudicati "arrendevoli" e trovate necessario correggervi, potete incominciare con il "dire no" al collega che per l'ennesima volta al bar, appena bevuto il caffè, si accorge di non avere il portafoglio o di aver finito le monete o si finge distratto girando al largo dalla cassa.

Oppure potete provare a opporvi alla solita commessa insistente che cerca di convincervi ad acquistare un capo di abbigliamento che assolutamente non vi piace.

Si tratta di incominciare e i risultati saranno sicuramente positivi perché il solo fatto di focalizzarsi su un determinato obiettivo vi aiuterà a concentrare le energie e vi sentirete più forti.

Piano d'azione

Tratto da sviluppare	Strategie	Risultati da raggiungere

SEGRETO n. 14: stilare un piano d'azione per correggere gradualmente gli eventuali "punti di debolezza" e avviarlo fin da subito, sperimentando il nuovo modello di comportamento.

RIEPILOGO DEL GIORNO 3:

- SEGRETO n. 11: riandare al proprio passato prendendo atto di tutte le fonti che hanno determinato il proprio modo di essere attuale, valorizzando quelle che rappresentano dei punti di forza e abbandonando quei condizionamenti che rappresentano un ostacolo alla stima di sé.

- SEGRETO n. 12: convocare una riunione con se stessi scegliendo un luogo confortevole e al riparo da ogni disturbo per tutto il tempo necessario e fare l'inventario di sé, ovvero esaminare il proprio comportamento e i tratti della personalità, prendendo brevi annotazioni scritte.

- SEGRETO n. 13: affrontare il rapporto con gli altri con apertura a valutare le critiche, con atteggiamento disponibile per riconoscere ogni opportunità per essere meno "ciechi" rispetto a noi stessi.

- SEGRETO n. 14: stilare un piano d'azione per correggere gradualmente gli eventuali "punti di debolezza" e avviarlo fin da subito, sperimentando il nuovo modello di comportamento.

GIORNO 4:

Come ascoltare davvero – 2° step

Come strumento di comunicazione, l'ascolto è più usato della lettura e della scrittura messe insieme (il 40% contro il 23%), e tuttavia è la funzione meno considerata.

Come anticipato nel Giorno 3, essere assertivi significa in eguale misura saper comunicare bene e saper ascoltare in modo attento e partecipe, perché chi ascolta veramente stabilisce molto più facilmente rapporti cordiali con le persone, chiarisce i malintesi e ottiene un sincero rispetto.

Eppure, nonostante saper ascoltare sia la chiave del successo nei rapporti interpersonali, raramente nel nostro percorso educativo veniamo allenati all'ascolto: si dà per scontato che udire significhi contemporaneamente ascoltare. In realtà, almeno nella mia esperienza, le persone che manifestano problemi di comunicazione sono quasi sempre ostacolate dalla loro difficoltà nel prestare ascolto in modo autentico e partecipe.

SEGRETO n. 15: è importante ricordare che l'ascolto è la funzione più utilizzata nella comunicazione, e anche quella che esercitiamo meno frequentemente in modo corretto.

Tre livelli di ascolto

Nel capitolo "Non comunicare? Impossibile!" si è visto come sia importante la circolarità della comunicazione per assicurarsi di aver reciprocamente raggiunto l'obiettivo di scambiarsi messaggi intelligibili. Possiamo individuare diverse modalità di ascolto che ognuno di noi alterna di continuo anche nel corso di uno stesso rapporto.

Il livello 1, l'unico di ascolto reale, è definito di partecipazione-comprensione, dove il termine *comprensione* non significa assoluzione, tolleranza o gentilezza ma va

L'ascolto partecipe

inteso nel senso etimologico della parola, ovvero del "portare dentro di sé" ciò che l'altro sta comunicando. È la modalità più faticosa da esercitare, perché consiste nel provare a sentire gli stati d'animo che l'altro esprime – dal suo punto di vista e tuttavia senza identificarsi in lui – e a comunicarglieli di volta in volta attivando il feedback. Attraverso la comunicazione di ritorno viene verificata l'esattezza della comprensione e, contemporaneamente, viene favorita la possibilità per chi parla di focalizzare meglio i contenuti di ciò che vuole esprimere.

È un atteggiamento di ascolto che non implica né approvazione, né disapprovazione ed è l'unico di tipo non direttivo, in quanto non tende a influenzare e orientare l'altro secondo il nostro punto di vista e i nostri valori.

Chi ascolta in modo partecipe si astiene infatti dall'esprimere pareri e soprattutto consigli, conscio del fatto che le persone acquistano fiducia in se stesse solo se riescono a individuare da sole la soluzione migliore.

Essere un buon ascoltatore significa allenarsi nel mantenere una mente aperta e libera da preconcetti, e impegnarsi a guardare alle persone con sincero interesse, trovando in ognuno aspetti di gradevolezza e possibilità di arricchimento reciproco. Ne consegue che per essere assertivi occorre che le persone ci piacciano così come sono e che non tentiamo continuamente di cambiarle per adattarle al nostro modo di essere.

L'ascolto assertivo genera un clima cordiale intorno a sé, perché la capacità di astenersi dal giudicare gli altri contribuisce a comprenderli ed evita il rischio che l'interlocutore si senta mortificato e a disagio facendo venir meno la condizione di reciproco rispetto.

Il livello 2 è costituito dall'ascolto superficiale, situazione che si verifica quando chi ascolta resta, appunto, alla superficie delle parole espresse e non coglie il significato più profondo della comunicazione. Bada al senso generale ma non all'insieme delle modalità espressive utilizzate da chi parla. Mostra un'apparente attenzione ma, in effetti, non si sforza di cogliere il significato nascosto e le intenzioni di chi parla. Non si focalizza sull'interlocutore, non fornisce feedback oggettivi bensì giudizi, opinioni e suggerimenti. Si tratta di un comportamento ambiguo perché l'interlocutore può avere la falsa sensazione di essere ascoltato e capito ma è, purtroppo, una delle modalità più frequenti di ascolto.

Il livello 3, detto dell'ascolto saltuario, è una specie di non ascolto. Chi "ascolta" in realtà pensa ai fatti suoi e fornisce cenni di attenzione per automatismo di educazione. Quando interviene lo fa per riportare l'attenzione su di sé e sulle sue opinioni. Sfortunatamente questo tipo di ascolto viene spesso riservato alle persone con le quali siamo maggiormente a contatto (familiari, amici, colleghi di lunga data) che crediamo di conoscere a fondo e i cui ragionamenti riteniamo di poter facilmente prevedere.

SEGRETO n. 16: solo un ascolto partecipe, attento e senza pregiudizi ci permette di comprendere veramente le persone.

I non-dialoghi

Le due conversazioni che seguono illustrano molto chiaramente come sia possibile, nonostante lo scambio di frasi faccia supporre un ascolto attivo, comunicare con qualcuno senza realmente comprendersi.

Dialogo fra due studenti

Luigi: I compiti in classe che assegna il professore di matematica sono molto difficili. Che ne dici? Io tremo ogni volta!

Marco: È vero, sono molto difficili.

Luigi: Tu hai superato tutti i compiti e hai preso ottimi voti. Certo studi meglio di me. Non so proprio come fare a riuscire meglio.

Marco: Ah, sì?

Luigi: Io credo che se tu volessi potresti insegnare agli altri come studiare. Mi piacerebbe che tu mi mostrassi come si fa...

Marco: Non ci avevo mai pensato...

Luigi: Sono sicuro che tu potresti aiutare chi è in difficoltà!

Marco: Credo che sia molto semplice. Devi solo concentrarti. Così migliorerai sicuramente.

È palese che Marco non ha realmente ascoltato altrimenti avrebbe compreso la richiesta di aiuto che Luigi non riusciva a esprimere in modo esplicito.

Dialogo fra due vicini di casa

Giuseppe: Questo fine settimana sono stato a casa dei miei in campagna.

Mario: Dove abitano?

Giuseppe: A circa trenta chilometri a nord rispetto a qui.

Mario: Allora sono in montagna!

Giuseppe: No, abitano vicino ai monti, ma è in campagna; comunque non importa. Volevo raccontarti che lì ho imparato a mungere una mucca!

Mario: Chi ti ha insegnato?

Giuseppe: Mio padre.

Mario: Tuo padre? Ma io credevo che tu fossi andato dai tuoi parenti.

Giuseppe: Sì, ma c'era anche mio padre e mi ha fatto vedere come si fa a mungere una mucca.

Mario: Hai imparato in fretta?

Giuseppe: Ma che importanza ha?

Mario:	Perché volevi mungere la mucca?
Giuseppe:	Perché... perché... perché volevo provare a farlo!
Mario:	Poi hai bevuto il latte?
Giuseppe:	No.
Mario:	Perché no?
Giuseppe:	È quello che sto cercando di dirti fin dall'inizio: perché la mucca ha versato il secchio!
Mario:	Perché la mucca ha fatto questo?
Giuseppe:	Non lo so! Prova a domandarglielo, forse ti risponderà!

In questo caso l'atteggiamento di Mario evidenzia la totale assenza di feedback, oltre alla reiterata tendenza a interpretare le parole di Giuseppe e a manifestare le proprie opinioni senza realizzare un effettivo dialogo.

SEGRETO n. 17: quando ascoltiamo cerchiamo di lasciare che il nostro interlocutore esaurisca completamente il suo pensiero, senza interrompere con domande e pareri non richiesti.

L'atteggiamento di ascolto nelle richiese di aiuto

In particolare, nelle situazioni di richiesta di aiuto la capacità di adottare un comportamento di ascolto "OK-OK" influenzerà positivamente la qualità della relazione e permetterà di offrire un tangibile e disinteressato sostegno all'interlocutore in difficoltà.

La persona assertiva cercherà di astenersi il più possibile dall'orientare le scelte dell'interlocutore, impegnandosi invece nell'offrire supporto all'interessato nel suo processo di elaborazione della decisione, attraverso la restituzione di un feedback neutro e oggettivo (ovvero di comprensione).

Solo così l'interlocutore sceglierà la soluzione più adatta a sé, alle proprie caratteristiche e capacità. Solo in questo modo il successo della sua iniziativa rappresenterà un accrescimento della stima e fiducia in sé. E solo così sarà in grado di affrontare un eventuale insuccesso, ricavandone preziose esperienze che gli permetteranno di non commettere gli stessi errori in futuro. Una persona assertiva resiste quindi alla tentazione di dare consigli e, se proprio sollecitata in questa direzione, esordisce sempre precisando: "Questa è la mia opinione; questo è ciò che io farei in questa situazione; questa soluzione a me ha dato buoni risultati."

Sempre in relazione alla richiesta d'aiuto, vi sono invece alcuni comportamenti "tipici" che non appartengono al modello assertivo e che sarebbe preferibile cercare di correggere, perché non basano il rapporto su posizioni paritarie.

Feedback di valutazione: consiste nel formulare un giudizio sul comportamento altrui. Si tratta di una posizione "OK-non OK" che, oltre a rappresentare una modalità di ascolto superficiale, non esprime rispetto per l'interlocutore e rischia di suscitare reazioni molto negative: "Hai sbagliato a fare così; però anche tu ti sei comportato male; avresti dovuto rispondergli che…"

Feedback di sostegno: consiste nel diminuire l'intensità del problema che si pone l'interlocutore, nel volerlo a tutti i costi rassicurare, offrendogli un rapporto indulgente di tipo parentale. Anche in questo caso non deriva da un ascolto effettivo e rischia di far percepire al nostro interlocutore che consideriamo il suo problema una sciocchezza di poca importanza: "Non preoccuparti, tutto si risolverà; facci sopra una bella dormita e vedrai che domani, a mente fresca, tutto ti sembrerà meno grave; non fare così, non è la fine del mondo…"

Feedback di decisione: si esprime con la formulazione di una soluzione già pronta (consiglio) che abbiamo elaborato al posto dell'interlocutore, in funzione però del nostro modo di reagire alle situazioni, dei nostri bisogni, dei nostri sistemi di valori. Come già indicato non esprime rispetto verso l'interlocutore ma è uno dei più diffusi comportamenti, spesso assunti in buona fede. Ma dare consigli non vuol dire aiutare davvero, anzi rappresenta un modo comodo e poco faticoso di relazionarsi; in fondo un consiglio non impegna e abbiamo sempre la possibilità di dire che per noi quella soluzione aveva funzionato. In più ci gratifica la sensazione di sentirci buoni perché abbiamo fornito la nostra illuminata consulenza con una soluzione che va bene… solo per noi.

SEGRETO n. 18: osserviamo l'insieme della comunicazione del nostro interlocutore per cogliere anche i messaggi non

verbali e verificare la loro congruenza con quanto esprimono le parole.

Autovalutazione dell'atteggiamento di ascolto

Per verificare qual è il vostro atteggiamento di ascolto in situazioni di aiuto potete provare a dare risposta all'esercizio che segue, nel quale vengono descritte sinteticamente otto situazioni. Immaginate di essere l'interlocutore coinvolto e indicate quali fra le quattro risposte riportate si avvicina di più alla reazione che avreste. Al termine riportate nella tabella conclusiva le risposte fornite per verificare qual è il vostro atteggiamento di ascolto prevalente nelle relazioni interpersonali.

Caso n. 1 – Donna di 32 anni

È da tempo che mi chiedo cosa fare: se continuare il mio lavoro come segretaria, che è piuttosto noioso ma ben pagato, oppure cambiare attività, rischiando di guadagnare di meno, facendo però cose più interessanti.

1) Mi sembra che tu sia incerta. È meglio stare attenti a non prendere decisioni avventate.

2) Ti serve un colloquio con il capo del personale per vedere se c'è una possibilità in qualche altro reparto. Io posso procurartelo.

3) Certo, il lavoro al centralino è noiosissimo, però guadagnare meno è altrettanto sgradevole.

4) Non ti preoccupare troppo; vedrai che si troverà una soluzione soddisfacente a questo problema.

Caso n. 2 – Uomo di 36 anni

Sono proprio un tipo strano! Ci tenevo così tanto a conoscere Stefania, che le ho chiesto cento volte un appuntamento. Quando finalmente abbiamo concordato, non ci sono andato. E sai perché? Ogni volta che mi capita qualcosa di bello, non credo che sia vero!

1) A me sembra che tu dia troppo peso a questi fatti, che sono abbastanza normali. Sei molto pessimista.

2) Eh sì! Succede di pensare che non ci possa capitare niente di buono nella vita!

3) Non mi pare troppo grave; è successo a tutti di passare un periodo di pessimismo. Poi passa e si ritrova fiducia.

4) Hai fatto un'esperienza. Dammi retta, alla prossima occasione andrai all'appuntamento.

Caso n. 3 – Uomo di 35 anni

Ho un impiego di basso livello, non sono contento perché quello che voglio dalla vita è un lavoro di responsabilità e un posto di comando. Farei qualunque cosa pur di raggiungere questo scopo, dovessi pure passare sopra a quelli che mi trovo davanti.

1) Certo, raggiungere un certo livello nel lavoro ci dà soddisfazione e sicurezza.

2) Sai che devi fare? Rispondere alle offerte di lavoro di grado più alto e magari sottoporti a qualche selezione.

3) Tu stai esagerando quando parli di passare sul corpo degli altri. Ti conosco come una persona buona e generosa.

4) È un momento di crisi; parliamone insieme quando vuoi e lascia fare al tempo.

Caso n. 4 – Donna di 30 anni

Abito in questa città da anni, lavoro da cinque nella stessa azienda e abito nello stesso appartamento, sono una persona gentile e comprensiva, eppure non ho un amico. Forse sono io a non volerne, ma a volte mi sento proprio sola.

1) Non angosciarti così! Vedrai che presto riuscirai a farti delle amicizie.

2) Lascia perdere i colleghi di lavoro e i coinquilini. Iscriviti piuttosto a qualche scuola o associazione dove puoi trovare persone che abbiano degli interessi simili ai tuoi.

3) La città è veramente una giungla, ognuno pensa per sé. È proprio difficile fare amicizie nell'ambiente di lavoro e con i vicini.

4) Sei imbarazzata e abbattuta. Non sei serena per analizzare la situazione e vedere cosa fare per uscirne.

Caso n. 5 – Uomo immobilizzato di 45 anni

Da quando ho avuto l'incidente sul lavoro sono immobilizzato su questa sedia a rotelle. Da allora tutti mi lasciano da parte, pensano a loro stessi e se ne infischiano che io mi sia sacrificato per salvare gli altri, e mia moglie…

1) Capisco che non sia piacevole sentirsi messo da parte dagli altri dopo essersi sacrificato per loro.

2) Non ci guadagni niente a fare la vittima, comincia a comportarti in modo più naturale, gli altri non hanno niente contro di te.

3) Hai ragione di non poterne più, capita a tutti per una ragione o per l'altra. Non c'è che da far passare del tempo.

4) A me sembra che tu voglia colpevolizzare gli altri di una disgrazia della quale nessuno è colpevole.

Caso n. 6 – Cameriere di 35 anni

Ho pensato di aprire un ristorante per conto mio. Ne conosco i problemi, ci so fare con la clientela, ho delle idee nuove che sono senz'altro buone, se riuscissi a trovare i soldi sarei a posto.

1) È proprio difficile trovare soldi in questo momento, eppure hai delle buone idee.

2) Vedrai che i soldi si trovano; è una questione di tempo e tenacia.

3) Ne hai già parlato con qualcuno? Con chi hai provato?

4) Il tuo problema è come trovare i soldi o come poterli restituire?

Caso n. 7 – Contabile con 16 anni di anzianità

La settimana scorsa è arrivato un collega nuovo. Sa sempre tutto, secondo lui sa risolvere tutti i problemi. Chissà chi si crede di essere. Io, se mi ci metto, sono molto più bravo di lui.

1) Tu ritieni di essere molto più capace di lui?

2) Non ti mettere contro di lui senza conoscerlo bene.

3) Spesso i rapporti che all'inizio sembrano difficili, col tempo migliorano.

4) Il fatto è che per te è importante essere più bravo di questo nuovo!

Caso n. 8 – Ragazza di 28 anni

Guarda quella ragazza! Non è più bella di me, non è più intelligente, fa delle cose normali e tutti la ammirano come se facesse delle cose straordinarie. Mi ha portato via il mio ragazzo e non gliene importa niente del mio dispiacere!

1) Gli uomini sono spesso ciechi, si fanno attirare dalle moine e non guardano la sostanza di una persona.

2) Sei molto violenta nei confronti di questo problema e non credo che ti sia di vantaggio.

3) Per prima cosa cerca di capire cos'è che attrae gli altri verso questa ragazza.

4) Lascia perdere, il tuo ragazzo evidentemente non era molto interessato. Ne troverai un altro e certo migliore di lui.

Adesso cercate per ogni "caso" il numero che corrisponde alla risposta fornita. Al termine sommate il numero di risposte segnate in ogni colonna.

Atteggiamento	feedback di valutazione	feedback di sostegno	feedback neutro partecipazione comprensione	feedback di decisione
Caso n. 1	1	4	3	2
Caso n. 2	1	3	2	4
Caso n. 3	3	4	1	2
Caso n. 4	4	1	3	2
Caso n. 5	4	3	1	2
Caso n. 6	4	2	1	3
Caso n. 7	4	3	1	2
Caso n. 8	2	4	1	3
Totale risposte per colonna				

Il vostro atteggiamento prevalente è quello relativo alla colonna nella quale avete fornito il maggior numero di risposte.

Coerentemente con un comportamento assertivo, le risposte prevalenti dovranno essere quelle della colonna "partecipazione-comprensione", ovvero le uniche formulate in modo neutro e oggettivo.

Per migliorare l'ascolto

Tacere, fino a quando non si è sicuri che chi parla abbia terminato di esprimersi e possa ascoltare al livello 1 (partecipazione-comprensione). Non fare obiezioni e domande; non completare la frase di chi parla e non suggerire le parole se ha un'incertezza. Quando completiamo il pensiero dell'interlocutore e riempiamo ogni minima pausa nel suo discorso otteniamo solo l'effetto di fargli "perdere il filo". Resterà concentrato su ciò che voleva dire e non presterà attenzione al nostro intervento.

Prendere appunti. Piuttosto che intervenire continuamente per chiedere spiegazioni, è molto meglio annotare sinteticamente i passaggi principali di un discorso complesso. Gli appunti – chiari e sintetici – consentiranno un rapido e corretto feedback quando prenderemo la parola e forniranno la possibilità di chiedere chiarimenti.

Osservare la comunicazione non verbale. Non limitarsi ad ascoltare le parole ma osservare con sensibilità le emozioni espresse da chi parla attraverso la gestualità, la mimica del viso, la posizione del corpo. Chiedersi perché ha detto certe cose, e che cosa ha voluto esprimere in modo da cogliere i significati più profondi.

Guardare l'interlocutore con attenzione ma evitare la fissità e, naturalmente, l'aria scettica, critica o ironica. Evitare di giocherellare con penne e oggetti di vario tipo. Anche la nostra comunicazione non verbale viene immediatamente percepita. Proviamo ad ascoltare con reale disponibilità evitando di saltare alle conclusioni e di giudicare prima di aver ascoltato fino in fondo.

Per incoraggiare un approfondimento. Fornire un feedback ripetendo i concetti fondamentali, sottolineando i fatti e illustrando con parole diverse i sentimenti di chi parla: "Se ho ben capito, ti senti amareggiato per la reazione eccessiva del tuo collega…; intendi dire che ti senti oppresso dalle scadenze che non riesci a rispettare…?"

SEGRETO n. 19: fornire sempre feedback – esprimendo con parole nostre e in modo sintetico quanto l'altro ci ha comunicato – per assicurarci di avere ben compreso.

RIEPILOGO DEL GIORNO 4:

- SEGRETO n. 15: è importante ricordare che l'ascolto è la funzione più utilizzata nella comunicazione e, anche, quella che esercitiamo meno frequentemente in modo corretto.

- SEGRETO n. 16: solo un ascolto partecipe, attento e senza pregiudizi ci permette di comprendere veramente le persone.

- SEGRETO n. 17: quando ascoltiamo cerchiamo di lasciare che il nostro interlocutore esaurisca completamente il suo pensiero, senza interrompere con domande e pareri non richiesti.

- SEGRETO n. 18: osserviamo l'insieme della comunicazione del nostro interlocutore per cogliere anche i messaggi non verbali e verificare la loro congruenza con quanto esprimono le parole.

- SEGRETO n. 19: fornire sempre feedback – esprimendo con parole nostre e in modo sintetico quanto l'altro ci ha comunicato – per assicurarci di avere ben compreso.

GIORNO 5:

Come, quando e perché dire di no – 3° step

Dire di "no". Anche quando è indispensabile, risulta difficile e spesso ci fa sentire a disagio, se non addirittura in colpa per esserci sottratti alla richiesta.

In effetti, come afferma Antonio Vieira nel suo *Prediche agli uomini di governo* (Rusconi Editore): «La cosa più dura che possa esistere nella vita è arrivare a chiedere e dopo aver chiesto sentirsi dire no [...]. Negare a qualcuno una richiesta è come dargli uno schiaffo con la lingua [...] e se un no è così duro per chi lo ascolta, credo non presenti minore durezza a chi lo deve dire, e tanto più grande quanto maggiormente generoso e superiore quello spirito che dovrà pronunciarlo.»

Perché non riusciamo a dire "No, non voglio", "No, non posso" e, pur di evitare questa difficoltà, diciamo "sì" a denti stretti? Come mai arriviamo addirittura ad assoggettarci alla volontà di un altro, pur sentendo nell'intimo un senso di profonda ingiustizia perché quella persona non avrebbe dovuto chiederci quella cosa o insistere per ottenere un assenso che non è affatto sincero?

Quasi sempre il problema è dentro di noi. Abbiamo paura della reazione dell'altro, delle conseguenze che il nostro rifiuto potrebbe generare: "Mi giudicherà egoista; e se poi non mi è più amico? Si farà una cattiva opinione di me; se non svolgo anche questo lavoro forse non mi terrà presente per quell'aumento."

Dire di no quando è necessario

E sempre noi siamo la causa di un'ulteriore "trappola morale". Non diciamo "no" perché si prova una sorta di autocompiacimento nel mostrare sempre una grande disponibilità. Ci si sente buoni e generosi nel dire "sì" mentre opporre un "no" ci fa sentire cattivi ed egoisti.

Se si cade in questo circolo vizioso gli effetti sono devastanti sia emotivamente perché spesso saremo infelici, sia fisicamente perché rincorreremo continuamente scadenze e vincoli imposti da altri, spesso sacrificando i nostri stessi impegni.

Per agire da assertivi anche in queste circostanze, occorre affrontare le richieste che ci vengono sottoposte nell'ottica OK-OK e valutare volta per volta che cosa si desidera e si è in grado di fare, nei limiti di tempo che si hanno a disposizione.

SEGRETO n. 20: prendersi il tempo di esaminare quale risposta fornire e valutare se sul piano dei valori, dello stato d'animo del momento, delle competenze che possediamo, la richiesta ci trova d'accordo oppure "no".

Occorre cioè chiedersi se abbiamo la volontà di accogliere la richiesta, se le nostre competenze sono adeguate, se disponiamo del tempo da dedicare salvaguardando le nostre priorità. Quest'ultimo aspetto, in particolare, è quasi sempre sottovalutato mentre dovrebbe guidare la maggior parte delle nostre scelte indicandoci realisticamente se, prima di tutto, esiste la possibilità pratica di rendersi disponibili.

Dire "no" è dunque possibile a patto di osservare alcuni accorgimenti:

- ponderare la decisione, dimostrando di aver ben ascoltato, compreso le motivazioni del richiedente e aver preso in seria considerazione la possibilità di assentire;
- assumersi la piena responsabilità del "no", spiegando in modo chiaro i motivi del rifiuto perché possa essere accettato dall'interlocutore: "No, è una cosa che non mi va; non ho il tempo necessario a disposizione; devo occuparmi di una scadenza prioritaria; sono contrario; non mi piace";
- rifiutare con fermezza ma senza veemenza e senza esordire con "Mi dispiace"; infatti, tentare di giustificarsi significa ritenere immotivata la propria decisione;
- se è possibile, rendersi disponibili in un secondo tempo; in questo caso esordire con un "sì" e poi spiegare i motivi del rifiuto e offrire un'alternativa: "Sì, sono disposto ad aiutarti, ma non prima di domani pomeriggio."

Naturalmente si dovrà anche prevedere che l'interlocutore rifiuti la nostra decisione ed è quindi importante esaminare le possibili conseguenze del rifiuto per poterle affrontare adeguatamente.

Amici e familiari possono ricorrere alla pressione psicologica e i superiori avvalersi della posizione gerarchica ma, se abbiamo giudicato necessario negarci, la nostra fermezza oltre che contribuire ad accrescere la nostra sicurezza in noi stessi, farà aumentare la stima degli altri nei nostri confronti. Il nostro "no", infatti sarà percepito come una scelta ben ponderata e ragionata e la nostra indisponibilità frutto di una matura riflessione nel pieno rispetto dei diritti dell'interlocutore. Nello stesso modo, inoltre, i nostri "sì" saranno recepiti come reale apertura, non condizionata da "ricatti" professionali, affettivi o di qualunque altro genere.

SEGRETO n. 21: ricordarsi sempre che il "no" può essere accompagnato da un'offerta di aiuto in un secondo tempo, precisando chiaramente quando e per quanto tempo (ad esempio: "Questo pomeriggio non è possibile ma posso senz'altro domani mattina").

Esempi pratici

Dialogo al telefono fra due amiche, Luisa e Gianna

Luisa	Va bene, andiamo al cinema stasera. Però voglio assolutamente vedere quel thriller uscito da poco.
Gianna	Non saprei… non sono dell'umore giusto per quel genere di film. C'è invece una bella commedia con quell'attore che ci piace tanto.
Luisa (*molto decisa*)	Dai, ma cosa c'entra l'umore! Mi hanno detto che è un giallo che ti tiene con il fiato sospeso e anche la musica è bellissima!
Gianna (*esitante*)	Sì, ho capito… Ma io preferirei rilassarmi e magari farmi due risate.
Luisa (*intenzionata a non demordere*)	Mah, guarda, se è per distrarti il giallo è molto meglio. Ti cali nella trama e per due ore ti dimentichi completamente di tutto!
Gianna (*quasi arresa*)	Sei proprio sicura che sia un bel film?
Luisa (*trionfante*)	Certo! Ho letto tutte le recensioni! E poi, guarda, è inutile andare a vedere le

	commedie perché tanto quelle cose lì succedono solo nei film… Passi a prendermi alle otto?
Gianna (*ormai vinta*)	Veramente sarei un po' scomoda. Vabbè, d'accordo, passo io alle otto.

Come si può notare l'esito era chiaro fin dal principio del dialogo. L'esitazione di Gianna, l'uso di verbi al condizionale, la genericità delle sue argomentazioni ha lasciato all'amica Luisa tutto lo spazio per continuare a insistere fintanto che non c'è stata la resa completa.

Conseguenza per Gianna: il suo tempo libero verrà speso nella visione di un film che non voleva vedere!

SEGRETO n. 22: esprimere l'eventuale "no" con tono di voce cordiale ma fermo, scegliendo parole positive ed espresse al tempo presente (il tempo della certezza).

Ufficio, mezz'ora oltre il termine dell'orario di lavoro. Dialogo tra Giovanni (il capoufficio) e Mara (la sua segretaria)

Giovanni	Mara, meno male che non sei ancora andata a casa. È arrivata una richiesta urgente dalla Direzione. Vogliono subito i dati del report mensile.
Mara (*pronta per uscire*)	Ma la consegna è prevista per domani…
Giovanni (*cercando complicità*)	Sì, sì, lo so… ma sai come è fatto il direttore, ha annullato una riunione prevista per questa sera e allora ha chiesto a tutti di avere quei dati per poterseli studiare con calma!
Mara (*posando borsa e giacca*)	Capisco ma, come vedi, io stavo uscendo perché avrei un impegno e sono anche in ritardo…
Giovanni (*implorante*)	Mara, per favore! Non farmi questo. Sai bene che reazione avrà il direttore se mancheranno proprio i miei dati.
Mara (*riaccendendo il computer*)	Ma il mio impegno… e poi cosa cambia se li riceve domani mattina?

Giovanni (*cercando di sdrammatizzare l'entità del lavoro*)	Dai, si tratterà al massimo di un'oretta! Così avrai un lavoro in meno domani! Eh? Sei d'accordo?
Mara (*irritata e meditando vendette*)	Beh, dovrò avvisare che arriverò in ritardo… però, insomma, possibile che capiti sempre a me?!? Ho anch'io una vita mia.
Giovanni (*esultante*)	Ecco, brava, telefona! Certo che hai una vita tua, ci mancherebbe. Ma in fondo tu sei il mio braccio destro. Comunque, appena hai pronti i dati trasmettili con un'e-mail al direttore, a casa. Sei proprio preziosa, senza di te non so cosa farei!

Mara dopo una breve quanto titubante resistenza, pospone il suo impegno privato per assecondare – anche se lagnandosi – una richiesta "capricciosa" della sua azienda. Il suo comportamento non indurrà certo il suo capo a rispettare un criterio di maggiore programmazione in futuro.

Dire "sì" con sacrificio non verrà apprezzato e la cosa più sgradevole è pensare a se stessi come dei perdenti che possono essere forzati a fare ciò che vogliono gli altri. Conseguenza per Mara: autostima sminuita, impegno personale posticipato o annullato, possibilità per il futuro di ritrovarsi in situazioni analoghe che sarà sempre più difficile fronteggiare.

SEGRETO n. 23: stimare il tempo necessario all'evasione della richiesta e considerare se può o meno essere affrontata senza rinunce al proprio programma. Ricordare che è meglio dire "no" sorridendo piuttosto che "sì" piangendo.

Esercizio di autovalutazione

Per aiutarvi a individuare le situazioni che vi creano maggiori difficoltà nel dire "no", provate a esaminare i casi sotto riportati. Come per gli altri esercizi non pensate esclusivamente alle situazioni di lavoro se non è specificato.

	Mai	A volte	Spesso
1. Sono in grado di sostenere il mio punto di vista quando un'ipotesi non mi convince.			
2. Riesco a dire no al capo se mi chiede di fare un nuovo lavoro non prioritario e per il quale non ho tempo.			
3. Quando un collega mi chiede aiuto, dico di no se questo mi impedisce di rispettare le mie scadenze.			
4. Se mi vengono affidati dei collaboratori, so dire di no quando si tratta di affermare la mia autorità.			
5. Riesco a dire no con fermezza e non provo sensi di colpa.			
6. So dire di no a un amico che cerca di convincermi a fare qualcosa che non ho il tempo o la voglia di fare.			
7. Se non ho tempo o voglia, so dire di no ad amici e familiari anche quando mi implorano facendo leva sul mio affetto.			
8. So dire di no anche quando ho semplicemente deciso di dedicarmi a me stesso.			
9. Non permetto agli altri di giudicare se le motivazioni del mio no sono importanti o meno.			
10. Sono capace di introdurre innovazioni nel mio lavoro, anche sfidando la disapprovazione del mio capo.			

L'obiettivo di una persona assertiva è quello di non essere mai messo in una condizione non-Ok. Tutte le risposte nelle caselle "mai" e "qualche volta" dovranno essere oggetto di attenzione e inserite nel piano di miglioramento personale.

RIEPILOGO DEL GIORNO 5:

- SEGRETO n. 20: prendersi il tempo di esaminare quale risposta fornire e valutare se sul piano dei valori, dello stato d'animo del momento, delle competenze che possediamo, la richiesta ci trova d'accordo oppure "no".

- SEGRETO n. 21: ricordarsi sempre che il "no" può essere accompagnato da un'offerta di aiuto in un secondo tempo, precisando chiaramente quando e per quanto tempo (ad esempio: "Questo pomeriggio non è possibile ma posso senz'altro domani mattina").

- SEGRETO n. 22: esprimere l'eventuale "no" con tono di voce cordiale ma fermo, scegliendo parole positive ed espresse al tempo presente (il tempo della certezza).

- SEGRETO n. 23: stimare il tempo necessario all'evasione della richiesta e considerare se può o meno essere affrontata senza rinunce al proprio programma. Ricordare che è meglio dire "no" sorridendo piuttosto che "sì" piangendo.

GIORNO 6:

Come assumersi responsabilità
e rischi – 4° step

Assumersi la responsabilità delle proprie scelte significa prendere in mano le proprie sorti evitando di attribuire continuamente a eventi esterni – la fortuna, gli amici influenti, le coincidenze – l'esito della propria vita.

Scegliere rappresenta un rischio e l'assunzione di rischi è legata alla stima e alla fiducia che si ripone in se stessi. La persona assertiva guarda con ottimismo alle conseguenze della sua azione e concorda con quanto sostiene John Evans Jones: «Sbagliare non è altro che ottenere risultati insoddisfacenti. Perciò non esistono sbagli, soltanto risultati.»

Solo prendendo iniziative le persone possono risolvere i loro problemi, dare risposta alle loro aspettative, costruirsi uno stile di vita più soddisfacente.

Al contrario, l'eccessiva cautela diventa l'alibi della persona insicura che ragiona da "io non sono OK, tu sei OK" e che, in questo modo, non procede e preferisce permanere anche in una condizione spiacevole pur di non affrontare niente di nuovo e ignoto.

Elaborare un piano, prendere una decisione, richiamare all'ordine, affermare le proprie opinioni e diritti, assegnare incarichi: tutte queste situazioni contengono il rischio di non ottenere l'esito positivo sperato, ovvero di generare "risultati insoddisfacenti", ma pur sempre risultati.

Assumersi la responsabilità di rischiare

SEGRETO n. 24: ricordare che assumere decisioni, avanzare richieste e comandare comporta il rischio di sbagliare, di sentirsi rispondere "no", di vedersi disubbiditi.

Ad esempio, avanzare richieste è una delle situazioni più ricorrenti nella quale occorre assumersi la responsabilità di agire e di gestire il possibile rifiuto dell'interlocutore.

In questi casi, la persona assertiva sa chiedere in modo diretto e non "per allusioni", esplicitando in modo chiaro aspettative e desideri e circostanziando in termini esatti la richiesta. Naturalmente non sarà sempre possibile ottenere ciò che si desidera, ma l'importante è affrontare la situazione in modo corretto, convinti di aver fatto tutto il possibile e, in ogni caso, far conoscere le proprie necessità contribuisce a ridurre insoddisfazione e stress.

SEGRETO n. 25: predisporre un "piano d'azione" che – pur non rappresentando una garanzia di esito favorevole – consente di affrontare la situazione nel modo più corretto, sapendo di aver fatto tutto il possibile.
Porre domande leali

La capacità di utilizzare e accettare domande leali, cioè che offrono la possibilità di risposte articolate, rappresenta un ulteriore strumento utile per attenersi a uno scambio di critiche costruttive.

Le *domande chiuse* (alle quali si può rispondere solo con un semplice sì o no) e le *domande tendenziose* (che contengono già nella loro formulazione la risposta che ci si attende), non rappresentano dei veri quesiti ma trabocchetti che tendono a imporre scelte preconfezionate all'interlocutore:

- Non è che passando dal panettiere potresti anche andare dal fiorista lì vicino?

- Che ne dici di andare al ristorante stasera? Sei d'accordo, vero?

- Non pensi che dovresti provare a essere più ordinato?

Le domande leali favoriscono l'espressione delle proprie opinioni senza i condizionamenti derivanti, ad esempio, da posizioni di ruolo gerarchico diverso e sono formulate in termini oggettivi e concreti: "Cosa faresti in questo caso? Come la vedi? Per quale motivo…?"

In pratica: come avanzare richieste

Caso n. 1

Siete stati contattati da una società di consulenza che si occupa di selezione del personale. Vi hanno offerto di valutare una posizione analoga a quella che occupate attualmente, per un'azienda che opera nel vostro stesso settore merceologico disposta a offrire una retribuzione più interessante. Voi siete soddisfatti del tipo di lavoro che svolgete e dei rapporti instaurati con il vostro staff. D'altro canto vi alletta la possibilità di migliorare economicamente. Decidete di chiedere un colloquio al vostro direttore per esporre le vostre richieste. Cosa gli dite?

Caso n. 2

Il direttore generale ha richiesto di completare la documentazione di un importante progetto anticipando i termini di consegna di una settimana rispetto alla previsione. Siete il responsabile amministrativo e dovete chiedere al vostro collaboratore dell'ufficio acquisti di anticipare a sua volta i dati inerenti i preventivi delle principali forniture. Come glielo chiedete?

Risposte consigliate

Nel caso n. 1 affronterete il colloquio preparati, documentando i risultati positivi fin qui raggiunti nella vostra posizione ed esplicitando le vostre aspettative. I termini della richiesta devono essere esposti in modo molto concreto per essere esaminati ed eventualmente negoziati (tempi, quantità, indicatori di qualità).

Grazie per la disponibilità a questo incontro. Il mio lavoro mi soddisfa e l'ambiente è stimolante ma desidero esaminare insieme la mia posizione professionale all'interno della nostra azienda. Negli incarichi che mi sono stati affidati ho sempre ottenuto buoni risultati e desidero migliorare la mia posizione economica. Ritengo di poterle proporre un aumento del 10%, coerentemente con il risultato conseguito sul mio budget di quest'anno.

Nel caso n. 2 dovete ricordare che, anche se si tratta di un vostro diretto collaboratore, state per rivoluzionare il suo programma di lavoro, mettendo a repentaglio priorità e scadenze già fissate. Tenete inoltre presente che la vostra posizione gerarchica vi consente di "ordinare" l'esecuzione di un lavoro ma, anche se userete un tono cordiale e parole gentili, questo rispecchierà sempre un atteggiamento "Io sono OK, tu non sei OK".

L'obiettivo è quindi quello di ottenere la collaborazione del dipendente in modo proattivo e confermare il rispetto e l'apprezzamento che provate nei suoi confronti.

Michele, dobbiamo anticipare la predisposizione della documentazione necessaria alla preparazione del progetto "noName" per non perdere il contratto con il nostro cliente. È necessario che anche i preventivi di cui ti stai occupando siano completati entro le 15.00 di domani per poterli esaminare insieme prima della consegna alla direzione generale. Ti è possibile conciliare questo impegno con le altre scadenze già programmate?

Michele a questo punto può decidere autonomamente come riorganizzare il suo tempo per soddisfare la richiesta. Se invece risulteranno conflittualità di impegni, li valuterete insieme e deciderete quali delegare o rinviare in modo da rispettare la priorità della vostra richiesta.

Non c'è dubbio che, in un caso come questo, l'esito della richiesta sarà sempre a vostro favore, ma mentre nel caso di un atteggiamento autoritario avrete ottenuto la documentazione solo per aver esercitato una facoltà dovuta alla vostra posizione nella scala gerarchica, nel secondo caso avrete attivato una dinamica di reciproca collaborazione rispettosa dei ruoli esercitati da ciascuno nell'organizzazione. Per inciso, con effetti notevolmente diversi sul piano della motivazione del collaboratore!

SEGRETO n. 26: essere sempre consapevoli del fatto che riuscire a comunicare le proprie esigenze e aspettative riduce la tensione e il senso di frustrazione.

Come si può notare, il fattore tempo è molto importante e deve sempre essere utilizzato quando avanziamo una richiesta. La richiesta di una pratica che serve "il prima possibile", può essere interpretata in modo molto soggettivo e del tutto plausibile:

- *entro cinque minuti dalla richiesta*, e in questo caso tutte le attività verranno sospese per rispondere immediatamente all'esigenza;

- *entro la giornata*, intendendo la richiesta in termini relativi e tenendo conto di tutte le altre attività da svolgere;
- *entro la settimana*, non solo ritenendo che il richiedente si sia espresso in termini relativi, ma anche valutando di importanza "irrilevante" la pratica in oggetto.

SEGRETO n. 27: tenere presente che precisione, concisione, indicazione esatta di cosa si vuole, quando e perché, uso di parole chiare e semplici aumentano la possibilità di ottenere ciò che si desidera.

RIEPILOGO DEL GIORNO 6:

- SEGRETO n. 24: ricordare che assumere decisioni, avanzare richieste, comandare comporta il rischio di sbagliare, di sentirsi rispondere "no", di vedersi disubbiditi.

- SEGRETO n. 25: predisporre un "piano d'azione" che – pur non rappresentando una garanzia di esito favorevole – consente di affrontare la situazione nel modo più corretto, sapendo di aver fatto tutto il possibile.

- SEGRETO n. 26: essere sempre consapevoli del fatto che riuscire a comunicare le proprie esigenze e aspettative riduce la tensione e il senso di frustrazione.

- SEGRETO n. 27: tenere presente che precisione, concisione, indicazione esatta di cosa si vuole, quando e perché, uso di parole chiare e semplici aumentano la possibilità di ottenere ciò che si desidera.

GIORNO 7:

Come scambiarsi critiche costruttive – 5° step

Pubblicità degli anni Cinquanta. Durante una festa una donna giovane e attraente resta isolata a "fare tappezzeria". L'amica, premurosamente, le suggerisce di provare un noto dentifricio, che assicura un alito fresco e meraviglioso. La giovane segue il consiglio, i corteggiatori arrivano a frotte e la sua vita cambia decisamente in meglio.

Questo è un chiaro esempio di critica costruttiva che ha consentito la risoluzione di un problema di cui l'interessata non era consapevole e che avrebbe ignorato per il resto della sua solitaria esistenza, del tutto in buona fede. Naturalmente non tutti gli inconvenienti sono così semplici da affrontare e rimediare e, purtroppo, non tutte le persone hanno la capacità di scambiarsi feedback costruttivi che aiutano a vivere meglio.

Normalmente ci mostriamo irritati se qualcuno ci fa notare che abbiamo fatto qualcosa di sbagliato o che abbiamo preso una cattiva abitudine o, ancora, che non abbiamo fatto qualcosa che avremmo dovuto fare.

La nostra prima reazione è quella di negare la contestazione e di accampare innumerevoli giustificazioni. In genere siamo portati a replicare che le critiche ci sembrano esagerate e che non tengono conto di tutte le circostanze che hanno determinato il nostro comportamento.

È pur vero che, in qualche caso, le critiche ci vengono mosse in modo molto brutale e aggressivo, anziché con l'elegante tatto della giovane della pubblicità prima citata. Il tono di voce, la gestualità accentuata e il viso acceso spesso accompagnano "parole killer" che ci fanno alzare immediatamente la guardia per reagire all'attacco.

Sono parole killer, da evitare accuratamente, termini ed espressioni come *nullità, falso, stupido, inaffidabile, egoista, tratto in inganno, non fai mai, negligente, lento, sleale, irruente, maleducato*, *emotivo*, che provocano una forte resistenza e inducono le persone a non cooperare o a demotivarsi.

Qualche volta a infastidirci è invece l'enfatizzazione scherzosa dei nostri difetti ma, anche se in questo caso siamo meno irritati, l'effetto ottenuto con questi commenti è nullo come nel caso precedente e reagiremo scegliendo di non intraprendere nessun cambiamento.

La "finestra di Johari" ha messo in evidenza l'importanza di stabilire una relazione aperta con gli altri per stimolarne il contributo e arricchire la conoscenza di noi stessi (area conosciuta). Lo scambio di critiche costruttive va in questa direzione e, ammettendo la nostra imperfezione, dovremmo gradire le critiche dei nostri difetti per averne consapevolezza e poterli eliminare. Un feedback costruttivo ci consente infatti di correggere gli errori e di migliorare le nostre "prestazioni".

Anzi, capovolgendo lo stato normale delle cose, dovremmo improntare le nostre relazioni interpersonali a un franco scambio di feedback costruttivi nell'intento di perfezionarci continuamente.

SEGRETO n. 28: conoscersi a fondo consente di valutare con maggiore immediatezza e serenità se una critica è fondata oppure no. Dobbiamo essere i primi giudici di noi stessi.

Come accogliere le critiche

Un atteggiamento assertivo consente di affrontare serenamente le critiche, in modo da poterne valutare la validità in termini razionali e non emotivi. Possiamo cioè guardare noi stessi con occhio critico con la consapevolezza che le critiche sono dirette al nostro comportamento e non alla nostra persona. Noi non siamo i nostri errori. Bisogna chiedersi: perché questa persona mi critica? Che cosa vuole dirmi? Qual è il modo migliore di reagire? *Occorre disapprovare i nostri errori e approvare noi stessi. Occorre pensare a come correggerci e non a condannarci.*

SEGRETO n. 29: cerchiamo di valutare le critiche costruttive con attenzione e interesse perché sono utili. Le critiche, infatti,

ci aiutano a migliorare sia dentro (nel modo in cui pensiamo di essere), sia fuori (nel modo in cui ci presentiamo agli altri).

Una buona tecnica da sviluppare per imparare ad analizzare costruttivamente le critiche che ci vengono mosse, gestendo meglio il disagio ed evitando di fare resistenza, è rappresentata dall'aikido mentale.

L'aikido è un'arte marziale nella quale si apprende a difendersi non opponendo resistenza ai colpi inferti dall'avversario, bensì ad appropriarsene per assumere il controllo. All'atto pratico: immaginate che qualcuno sferri un pugno contro la vostra mano. Se la manterrete ferma e rigida fermerete il colpo ma avvertirete un forte dolore. Se invece la vostra mano riuscirà ad assecondare il colpo spostandosi leggermente all'indietro e poi afferrerà la mano dell'avversario, vi troverete nella condizione di averlo sbilanciato e contemporaneamente di essere passati a dominare la situazione.

La stessa tecnica fornisce un prezioso aiuto se adottata a livello mentale. Se qualcuno vi muove una critica (pugno mentale) evitate di combattere ma accettatela, esaminatela razionalmente e decidete se siete d'accordo oppure no. Ad esempio, se un collega vi dice che siete scarsamente collaborativi, potrete replicare: "Forse è vero ma, esattamente, a quali occasioni ti riferisci?". Al vostro capo che afferma: "Ultimamente sei molto irritabile", potete chiedere: "Forse ha ragione, in che modo mi vede esprimere irritazione?" Chiedendo all'altro di spiegarsi meglio, lo si indurrà a circostanziare oggettivamente le sue considerazioni, uscendo dalla genericità e riportando il confronto sul piano OK-OK. Solo così saremo in grado di valutare se la critica è giusta oppure no.

In aggiunta alle "parole killer" attenzione anche all'uso di *sempre, mai, tutte le volte, ogni volta*. Bisogna rifiutare questo tipo di critiche che tendono a farci sentire non-OK e replicare con cordialità ma fermamente con formule tipo: "Non mi risulta; posso capire il tuo punto di vista ma non lo condivido; vorrei che mi facessi degli esempi concreti."

SEGRETO n. 30: respingiamo le critiche generalizzate o, peggio, infondate e ricordiamo di non muoverle in questi termini ad altri.

Se invece riconosciamo che la critica che ci viene mossa è fondata e formulata nell'intento di aiutarci a migliorare, l'unica reazione possibile è ammettere francamente i nostri errori o difetti, ringraziando l'altro per l'attenzione che ci riserva: "Hai ragione, ho commesso un errore e sono deciso a correggermi; è vero, forse non ho riflettuto abbastanza; me ne sono accorto quasi subito, bisogna che impari a controllarmi."

In pratica

Provate a esercitarvi a reagire correttamente alle critiche e trovate una risposta appropriata per rispondere a quelle sotto riportate.

Caso 1

Il vostro superiore vi accusa di aver commesso degli errori in un documento che in realtà è stato curato da un altro collega: "Sei proprio inaffidabile! Questa relazione è assolutamente incompleta e inutile. Sono proprio scontento del tuo modo di lavorare."

Caso 2

Avete lavorato con grande impegno a un progetto e, nel corso di una riunione di direzione, presentate le vostre proposte auspicando che vengano condivise dalla Direzione. Al termine della presentazione un collega interviene dicendo: "Non è possibile che tu sostenga certe sciocchezze. La tua proposta è incongrua. Io sono arrivato a ben altre conclusioni."

Risposte consigliate

Nel caso 1 la reazione dovrà riflettere la nostra totale estraneità ai fatti che vengono citati. In questa condizione il nostro stato d'animo non può che essere di stupore e quindi si potrà replicare: "Le tue critiche mi sorprendono. Non mi sembra di aver fatto ciò di cui mi accusi. Puoi spiegarmi meglio di cosa si tratta?" A questo punto sarà facile chiarire di non essere coinvolti nell'episodio.

L'obiettivo che guida la reazione nel caso 2 deve essere quello di confermare la validità delle nostre proposte e, nel contempo, far prevalere una logica di opportunità per l'azienda: "Le mie proposte sono frutto di un serio approfondimento, ritengo quindi che semplicemente non abbiamo le stesse opinioni sull'argomento. Sentiamo anche le tue proposte e vediamo di prendere il meglio da entrambe per scegliere la soluzione più valida." Questo tipo di risposta fa emergere la sicurezza che riponiamo nelle nostre idee e riporta la discussione sul piano OK-OK.

Come muovere critiche costruttive

Se essere oggetto di critica ci pone in una condizione emotiva di malessere non è di minor disagio far rilevare a qualcuno un comportamento negativo. Frequentemente ci si trova nella condizione di tacere per timore di incrinare definitivamente i rapporti (non OK-OK), oppure di non pesare le parole e formulare accuse in modo aggressivo (OK-non OK).

Il principio al quale attenersi è invece sempre quello di confermare un atteggiamento di rispetto reciproco dei valori umani fondamentali (OK-OK) e salvaguardare comunque l'autostima del nostro interlocutore.

L'osservazione che desideriamo comunicare al nostro interlocutore deve fondarsi su fatti concreti, ai quali ci atterremo mantenendo la comunicazione centrata sul problema ed evitando parole killer: "Nell'ultimo mese ho notato che per tre volte ti ho chiesto di archiviare i documenti arretrati e ogni volta ti sei dedicato ad altri lavori che non erano prioritari; come mai?"

Eviteremo di correggerlo di fronte ad altre persone per non umiliare il nostro interlocutore e discuteremo i problemi subito, quando i fatti sono ancora recenti nella memoria di entrambi. Verrà considerato solo il problema attuale e non andremo a rivangare casi passati, evitando frasi come: "Sei sempre il solito; non cambi mai; ancora!"

È anche opportuno limitarsi a commentare quello che una persona fa, non quello che immaginiamo che sia. Non dire ad esempio a un collaboratore: "Ho notato che ultimamente arrivi sempre in ritardo; se ha dei problemi possiamo parlarne", bensì: "La scorsa settimana sei entrato due volte in ritardo; puoi spiegarmi cosa succede?"

SEGRETO n. 31: atteniamoci ai fatti e utilizziamo sempre un linguaggio concreto ed essenziale.

Infine, si dovrà mantenere un atteggiamento cordiale, di apertura, interesse e ascolto attento verso l'interlocutore. Il nostro obiettivo è quello di fornire un aiuto concreto perché la persona possa migliorarsi.

In pratica

Le frasi sotto riportate sono espresse in termini generici e colpevolizzanti. Provate a modificarle rispettando il criterio di approccio razionale OK-OK: fatti circostanziati, domande leali, esplicitazione delle aspettative.

Caso 1

Al collega: "Passi ore al telefono per le tue faccende personali! Piantala, sono stufo di dover fare anche il tuo lavoro!"

Caso 2

Al conoscente che chiama all'ora di cena: "Ti ho detto un sacco di volte che a quest'ora sono a tavola, non voglio essere disturbato!"

Caso 3

Al collega: "Se, come dici, non rispettare il budget ti preoccupa tanto, perché non lo rispetti quasi mai?"

Risposte consigliate

Nel caso 1 è importante ricordare che quando facciamo rilevare a qualcuno un comportamento da correggere, dobbiamo evitare di imporre le nostre soluzioni. Se il rimedio viene individuato dall'interessato ci sono ottime possibilità che il problema venga effettivamente risolto: "Ho notato che passi ogni giorno almeno due ore al telefono per motivi personali. Questo non ci consente di rispettare le scadenze assegnate al nostro ufficio e mi ha già costretto a fare degli straordinari. La situazione non è accettabile da parte mia. Come pensi di regolarti per il futuro?"

Forse il conoscente del caso 2 è solo un distratto o forse cena in altre fasce orarie. Evitiamo di considerare sempre intenzionali e commessi in malafede gli errori altrui: "Non posso parlare con te, perché a quest'ora abitualmente sono a tavola con la mia famiglia. Ci sentiamo più tardi e, per favore, anche per il futuro chiamami prima delle… o dopo le…"

Caso 3: "Secondo me, sei preoccupato perché non riesci a rispettare il budget. È così?"

SEGRETO n. 32: parliamo delle nostre e altrui emozioni perché sono una componente fondamentale del nostro essere persone.

RIEPILOGO DEL GIORNO 7:

- SEGRETO n. 28: conoscersi a fondo consente di valutare con maggiore immediatezza e serenità se una critica è fondata oppure no. Dobbiamo essere i primi giudici di noi stessi.

- SEGRETO n. 29: cerchiamo di valutare le critiche costruttive con attenzione e interesse perché sono utili. Le critiche, infatti, ci aiutano a migliorare sia dentro (nel modo in cui pensiamo di essere), sia fuori (nel modo in cui ci presentiamo agli altri).

- SEGRETO n. 30: respingiamo le critiche generalizzate o, peggio, infondate e ricordiamo di non muoverle in questi termini ad altri.

- SEGRETO n. 31: atteniamoci ai fatti e utilizziamo sempre un linguaggio concreto ed essenziale.

- SEGRETO n. 32: parliamo delle nostre e altrui emozioni perché sono una componente fondamentale del nostro essere persone.

GIORNO 8:

Come motivare con
il feedback positivo – 6° step

La più grande forza motivazionale per gli esseri umani è il riconoscimento dei propri risultati, e improntare i propri rapporti interpersonali allo scambio anche di feedback positivi – oltre che di critiche costruttive – determina una qualità decisamente più pregevole delle relazioni con gli altri.

Provate a osservare i bambini piccoli. Tutti i loro progressi – i primi passi, impugnare un cucchiaio, colorare un disegno – sono accompagnati da entusiastiche manifestazioni di apprezzamento di tutti gli adulti intorno. Ed è proprio la reazione di entusiasmo che le loro gesta hanno suscitato che induce i bambini a perseverare nei loro tentativi, migliorando sempre di più i risultati conseguiti. Come quando eravamo bambini, tutti noi continuiamo ad avere un grande bisogno di verificare se ciò che siamo e facciamo ottiene l'apprezzamento di chi ci sta intorno, ma questo tipo di transazione non è affatto comune fra le persone adulte.

Il feedback positivo

Solo le persone aperte e sicure di sé utilizzano come abituale modalità di comunicazione complimenti sinceri e apprezzamenti rivolti agli altri. Le persone con mentalità limitata non sono proprio capaci di gioire per i successi altrui e spesso si fanno dominare dall'invidia e dalla sterile competizione. Ognuno di noi desidera sapere che vale, che è utile, importante e, pur potendo contare sulla nostra capacità di autovalutazione, siamo tutti alla ricerca delle prove che lo dimostrino.

SEGRETO n. 33: la capacità di ricevere e porgere complimenti per il lavoro che si è svolto o per un aspetto

positivo del comportamento, andrebbe sempre coltivata perché migliora la qualità della vita di relazione.

La trappola dell'adulazione

Anche l'uso del feedback positivo richiede però qualche attenzione, perché non si trasformi in un'adulazione che otterrebbe l'effetto esattamente opposto di suonare falsa e manipolatoria nei confronti dell'interlocutore.

La differenza fondamentale tra il feedback positivo e la lode è la tangibilità di quanto si va affermando.

Il feedback positivo, infatti, è un commento con un significato specifico che implica che ci sia stata osservazione diretta dei fatti concreti. In questo caso l'apprezzamento identifica un comportamento, descrive quello che ha fatto l'ascoltatore e "suona" vero in quanto condivisibile dall'interlocutore. Il messaggio deve riguardare una performance specifica, un'azione reale o un cambiamento visibile. Le conferme più efficaci sono rivolte non solo alla persona ("Ti stimo per la tua onestà, ho fiducia in te") ma anche al comportamento ("La tua camera – al figlio adolescente – oggi è proprio in ordine!").

Esempio di feedback positivo: "Ho saputo che hai concluso quell'affare con l'azienda Blues acquisendo un ordine del 10% superiore a quello dello scorso anno. Mi complimento per le tue ottime capacità di negoziazione!"

La lode è semplicemente un giudizio positivo su una persona espresso in modo generale e non specifico, utilizzando termini di giudizio di valore quali *giusto, bene, astuto, ottimo*. Può anche prescindere dall'esame diretto e non contiene termini di misurazione come tempo, quantità, livello qualitativo. La stessa situazione – ma con l'espressione di una lode – suonerà più o meno così: "Te la sei cavata proprio bene con quei taccagni della Blues, bravo, ottimo lavoro!"

Oltre alla specificità, il feedback positivo dovrà giungere tempestivo e immediato per amplificare l'impatto emotivo del successo conseguito e rendere il feedback galvanizzante. Questo concetto risulta molto chiaro se pensiamo all'ambito sportivo. È evidente che l'applauso immediato della folla quando viene realizzato il goal ha un effetto motivazionale molto più potente che non gli apprezzamenti espressi nel dopo partita.

Infine, per rendere profondo il commento positivo occorre esprimere i sentimenti che proviamo e rendere gli altri partecipi di uno stato d'animo: "Questo tuo risultato mi fa sentire orgoglioso perché…" Le persone hanno fame di emozioni positive e anche i piccoli risultati, se sottolineati, ispireranno nuove sfide più impegnative. Non si tratta, purtroppo, di una modalità espressiva consueta, ma acquisirla ci renderà autentici e aperti perché le emozioni positive espresse con franchezza potenziano i rapporti e rafforzano i propositi.

SEGRETO n. 34: il feedback positivo contribuisce al rafforzamento della stima e dell'immagine di sé, allenta tensioni e stress e rende più sereni e soddisfatti.

Il feedback positivo nell'ambito professionale
Fornire feedback continui ai collaboratori è l'essenza della leadership; infatti, come afferma Michael LeBoeuf nel suo libro

How to Motivate People, uno dei fondamenti principali di management è il seguente: «I maggiori risultati si ottengono dai comportamenti ricompensati. Non da quelli sperati, richiesti, desiderati o invocati. Ma da quelli che vengono ricompensati.»
E un proverbio americano, che rende molto bene questo concetto, recita: "Cosa mangiano i campioni per colazione? Feedback sui risultati!" Infatti solo se creiamo un contesto nel quale i miglioramenti vengono misurati e riconosciuti abbiamo la possibilità di far emergere il talento dei "campioni".

Purtroppo i capi spesso sono impegnati a controllare e rilevare errori e dimenticano che le critiche fanno adeguare un comportamento "per dovere" mentre gli incoraggiamenti alimentano motivazione e volontà di cambiare.

Imparate a usare il feedback positivo in tutti i rapporti, anche nei confronti dei superiori nell'ambito lavorativo e, se avete dei collaboratori, non restate chiusi nel vostro ufficio, ma siate manager che sanno ispirare *by walking around* (camminando tra i propri compagni) a caccia di risultati positivi.

Senza feedback, infatti, anche i migliori talenti restano inespressi, si rassegnano a lavorare senza entusiasmo oppure vanno altrove.

SEGRETO n. 35: il feedback positivo sprona a perseverare in un'azione o un comportamento corretti.

Ricevere feedback positivi

Dopo quanto appena descritto può apparire insolito doversi soffermare ad analizzare se ricevere feedback positivi può generare uno stato di disagio. Eppure è proprio ciò che accade a molti.

Come già sottolineato, se i messaggi che abbiamo interiorizzato fin da piccoli ci fanno considerare come un valore positivo il mantenere un atteggiamento umile e modesto e guardare con sospetto all'affermazione di sé, reagiremo con ritrosia agli apprezzamenti che ci verranno rivolti.

Sminuiremo l'importanza del risultato conseguito o l'impegno che portarlo a termine ci ha richiesto: "È una cosa da nulla; tutti potevano riuscirci; è stato semplicissimo, un gioco da ragazzi" mentre, in realtà, abbiamo speso ore per trovare quella soluzione o fatto i salti mortali per riuscire a terminare in tempo un certo incarico.

Si verifica anche il caso che qualcuno non sappia come reagire a un feedback positivo perché sospetta l'inganno. Ritiene cioè che l'interlocutore non si limiti ad apprezzare ma voglia ottenere qualcosa in cambio ("Dove vorrà andare a parare…?").

La persona assertiva supera questo problema approfondendo continuamente la propria conoscenza di sé e la propria capacità di giudicare con obiettività azioni e risultati. Utilizzando quindi la propria griglia di valutazione sarà possibile sapere, senza incertezze, se l'interlocutore si riferisce a qualcosa che abbiamo fatto positivamente oppure no.

Se incontrate difficoltà nell'accettare i feedback positivi, incominciate con l'esercitarvi a rispondere con alcune formule di ringraziamento in modo da non lasciare in imbarazzo l'interlocutore e mostrargli di aver gradito l'apprezzamento.

Potete usare risposte come: "Grazie, mi fa piacere sentirtelo dire; la ringrazio, anch'io sono molto soddisfatto di questo risultato; grazie, è piaciuto anche a me."

Può anche capitare il caso che si renda necessario sollecitare un feedback prendendo l'iniziativa e affermando il proprio diritto di sapere se si sta operando bene. Come d'abitudine le frasi da utilizzare saranno esplicite e costruttive: "Ultimamente non ho avuto commenti da parte tua sul mio lavoro, vorrei che ne parlassimo; per me è importante conoscere la tua valutazione sulle mie prestazioni, quando ne parliamo?"

SEGRETO n. 36: i feedback positivi devono essere espressi in termini concreti e di misura (tempo, quantità, indicatori di qualità) per essere recepiti come frutto dell'osservazione diretta e dell'attenzione dedicata alla persona che li riceve e non come tentativo di manipolazione o adulazione.

In pratica

Per verificare se il feedback positivo appartiene alle vostre usuali modalità di comunicazione provate a chiedervi:

- se un collega o un amico hanno modificato un loro comportamento negativo riesco a complimentarmi apertamente per il risultato ottenuto?

- qualcuno che conosco ha nettamente migliorato la sua posizione professionale: riesco a congratularmi francamente senza indispettirmi e provare invidia?

- quando è stata l'ultima volta che mi sono complimentato con il mio superiore per un lavoro ben fatto?

- mi capita di esprimere il mio apprezzamento con un fornitore diligente?

- è naturale per me osservare il lavoro dei colleghi e sottolinearne i risultati positivi?

Naturalmente è auspicabile che tutte le domande ottengano un pieno "sì".

RIEPILOGO DEL GIORNO 8:

- SEGRETO n. 33: la capacità di ricevere e porgere complimenti per il lavoro che si è svolto o per un aspetto positivo del comportamento, andrebbe sempre coltivata perché migliora la qualità della vita di relazione.

- SEGRETO n. 34: il feedback positivo contribuisce al rafforzamento della stima e dell'immagine di sé, allenta tensioni e stress e rende più sereni e soddisfatti.

- SEGRETO n. 35: il feedback positivo sprona a perseverare in un'azione o un comportamento corretti.

- SEGRETO n. 36: i feedback positivi devono essere espressi in termini concreti e di misura (tempo, quantità, indicatori di qualità) per essere recepiti come frutto dell'osservazione diretta e dell'attenzione dedicata alla persona che li riceve e non come tentativo di manipolazione o adulazione.

GIORNO 9:

Come definire obiettivi
chiari e concreti – 7° step

Non si può parlare di obiettivi senza affrontare il tema "tempo" e, nella cultura italiana, questa dimensione viene spesso trascurata nel malinteso che darsi tempi e programmi nella vita personale – in aggiunta a quelli obbligati della vita professionale – rappresenti una sorta di "gabbia" esistenziale.

Per alcuni prendere coscienza del fatto che il tempo rappresenta una risorsa limitata e di durata incognita, viene vissuto come atteggiamento pessimista e si preferisce, scaramanticamente, fingere di averne una riserva infinita anziché cercare di utilizzarlo al meglio.

Altri non si danno un obiettivo perché hanno paura di non raggiungerlo ed evitano quindi di confrontarsi con un impegno preciso. Altri ancora ritengono che sia preferibile cogliere le occasioni man mano che si presentano, senza essere vincolati da una rotta precisa. Si privilegia l'estemporaneità come espressione di creatività e libertà d'azione.

In realtà, pur non dovendo cadere nell'eccesso opposto di un'esagerata rigidità di mete da raggiungere, è molto importante avere chiari gli obiettivi generali della propria esistenza. Non si tratta solamente di metterli a fuoco per orientare il proprio lavoro e la propria esistenza, ma anche di utilizzarli per far convogliare le proprie energie verso la meta che ci interessa. E ciò a maggior ragione tenendo conto dell'imprevedibilità del tempo a nostra disposizione.

Se per dedicarci al nostro hobby preferito o dar vita al progetto che ci sta a cuore continueremo a ripeterci "Ora non ho tempo, lo farò appena sarò in pensione…" è molto probabile che, arrivati alla meta, ci accorgeremo di non avere più le abilità o il vigore o l'entusiasmo per concretizzarli.

Autoanalisi: il mio rapporto con il tempo

Provate a verificare cosa rappresenta il "fattore tempo" nella vostra vita. Di seguito è proposto un breve questionario che permette di esaminare qual è l'atteggiamento che vi contraddistingue. Come sempre le risposte vanno fornite in generale e non riferite solo all'ambito lavorativo, salvo espressamente specificato.

	Raramente	Spesso	Sempre
1. Metto per iscritto gli obiettivi che mi prefiggo di raggiungere e annoto le scadenze nell'agenda.			
2. Inizio ogni giornata riesaminando il programma di ciò che devo fare in campo privato e professionale (consultazione dell'agenda).			
3. In base al programma giornaliero da affrontare, fisso le priorità e inizio dagli argomenti più importanti.			
4. Appena è possibile cerco di delegare qualsiasi compito che mi distolga dalle mie priorità.			
5. Evito di disperdere energie occupandomi di molti problemi contemporaneamente.			
6. Cerco di mantenere la mia giornata lavorativa libera da interruzioni improvvise.			
7. Nella mia pianificazione considero un margine di tempo (10-20% della giornata) per far fronte a questioni urgenti o improvvise.			
8. Ho analizzato la mia curva di rendimento e cerco di organizzare la mia giornata di conseguenza rispettando le mie necessità di "recupero".			
9. Cerco di organizzare le mie attività in modo tale da potermi concentrare subito su pochi problemi essenziali.			
10. Riesco a dire no se altre persone vogliono assorbire il mio tempo modificando le mie priorità.			

Le risposte "raramente" valgono 1 punto, le risposte "spesso" valgono 2 punti, le risposte "sempre" valgono 3 punti.

Se il punteggio è **inferiore a 16**, probabilmente rientrate in quella categoria di persone che, per i motivi illustrati nell'introduzione del capitolo, più che gestire il tempo vengono gestite dagli eventi. Gli obiettivi per voi rischiano di restare "generiche aspirazioni" o richiedervi un dispendio eccessivo di energie e frustrazione. Nel vostro piano d'azione dovranno essere inclusi dei miglioramenti inerenti questo aspetto.

Da 16 a 30 punti il vostro rapporto con il tempo è buono. Tanto più il punteggio si avvicina a 30 tanto più siete riusciti a organizzare bene le vostre attività, scegliendo di dedicarvi soprattutto a quelle veramente importanti per voi e coerenti con gli obiettivi che volete raggiungere.

SEGRETO n. 37: il tempo è la risorsa più preziosa per gli esseri umani, ma è necessario gestirlo al meglio per metterlo al servizio dei nostri obiettivi, diversamente la nostra vita sarà determinata solo da fattori esterni a noi.

Porsi obiettivi realistici

Ogni essere umano aspira a obiettivi che riguardano l'amore, la salute, il denaro, le amicizie, il lavoro, ma occorre riflettere e decidere a quale delle esigenze fondamentali nella vita si desidera dare priorità volta per volta, in funzione del contesto nel quale siamo inseriti e delle motivazioni che ci animano.

Perché sia valido, un obiettivo deve essere:

- chiaro e concreto, ovvero espresso in termini circostanziati di tempo, quantità e indici di qualità;

- sfidante ma raggiungibile, perché un obiettivo impossibile da raggiungere non fa neanche venire la voglia di cominciare l'attività, mentre uno troppo facile può risultare noioso o persino umiliante;

- misurabile, in quanto definire oggettivamente la "misura" determina la possibilità di stabilire se l'obiettivo è stato raggiunto e di quanto.

Decidere di "migliorare l'inglese" non significa abbastanza perché non specifica di quanto ed entro quando vogliamo migliorare e su quali aspetti in particolare (conversazione, traduzione, lettura). Ovviamente senza questi elementi non saremo mai in grado di finalizzare i nostri sforzi né tanto meno di verificare se e dove abbiamo avuto successo.

Anche dal punto di vista economico gli obiettivi dovrebbero essere realistici per evitare l'effetto frustrazione. Quando decidiamo che cosa vogliamo ottenere in termini professionali, ad esempio, sarà sempre meglio sottovalutare anziché sopravvalutare i guadagni potenziali.

SEGRETO n. 38: gli obiettivi, per essere raggiunti, devono essere Specifici, Misurabili, Attraenti, Realistici, Tempificabili (SMART).

Infine, un approccio corretto alla definizione degli obiettivi deve essere ispirato alla flessibilità. Non dobbiamo avvertire questa "procedura" come una gabbia dalla quale non potremo più uscire. Al contrario occorre essere consapevoli del fatto che l'unico modo per realizzare il nostro progetto di vita richiede che siamo noi a decidere la meta da raggiungere.

È solo così che è possibile finalizzare le nostre azioni (fare la cosa giusta), aumentare la nostra percezione riguardo la risorsa "tempo" (gestire al meglio quello di cui disponiamo) e identificare tutte le sinergie che altrimenti non riusciremmo nemmeno a cogliere.

Non avete mai notato come opera selettivamente il nostro cervello quando siamo focalizzati su qualcosa che ci interessa veramente? Se, ad esempio, abbiamo programmato le nostre prossime vacanze in Messico, ci capiterà di continuo di leggere notizie su quel paese riportate da questa o quella rivista e incontreremo persone che ci sono già state o che ci andranno a breve o che, comunque, conoscono qualcuno che c'è stato o ci andrà!

Lo stesso accade se il nostro interesse si accende per qualsiasi altro argomento, ma non è un miracolo. O, meglio, in un certo senso lo è perché il nostro cervello – ben indirizzato – opera una provvidenziale selezione proprio delle notizie che hanno per noi qualche utilità e questo rappresenta un considerevole risparmio di energie.

Se ci diamo precisi obiettivi, scegliendo ciò che per noi è veramente importante, i nostri "sì" e i nostri "no" saranno ben fondati e, di conseguenza, utilizzeremo il nostro tempo e le nostre forze in modo molto più mirato, ci sentiremo più soddisfatti e scopriremo che, in fondo, non c'è traguardo che non possa essere raggiunto.

Avere due obiettivi è come non averne nessuno

Ad esempio, in termini di obiettivi, uno dei conflitti più frequenti nella vita adulta è quello del dilemma "lavoro-famiglia", perché è inevitabile che investire nell'uno sottragga spazio all'altro (almeno sul piano quantitativo).

Se faremo come gli struzzi fingendo di mettere sullo stesso piano i due ambiti e di riuscire tranquillamente a conciliarli, è molto probabile che, in realtà, continueremo ad accumulare stress e sensi di colpa.

Se invece riusciremo a decidere cosa è prioritario per noi nel breve-medio termine potremo, ad esempio, essere un genitore soddisfatto ma conscio di non potersi impegnare oltre un certo limite professionalmente. Oppure un professionista impegnato ma capace di riservare autentica qualità di rapporto ai suoi figli nel tempo trascorso con loro, senza per questo sentirsi negligente.

SEGRETO n. 39: porsi degli obiettivi permette di ottimizzare le proprie risorse (tempo, energie intellettuali e fisiche) e focalizzarsi su ciò che più ci interessa.

In pratica
Ogni obiettivo dovrebbe risultare dall'analisi della propria situazione individuale e quindi la sua definizione può produttivamente coincidere con le "riunioni con se stessi" citate nel Giorno 3.

Ognuno può utilizzare l'approccio che preferisce, pertanto quella che segue è solo una metodologia indicativa, utile per avviare il processo di riflessione e di analisi che consente di individuare i propri obiettivi prioritari. Con l'allenamento il metodo potrà essere personalizzato, ma vale sempre la raccomandazione di scrivere le proprie scelte.

Prima di tutto provate a concentrarvi sulla domanda che segue e annotate tutto quello che vi viene in mente. Privilegiate il criterio della quantità di idee e non preoccupatevi della loro fattibilità o sensatezza.

Quali sono gli obiettivi che mi piacerebbe raggiungere nella vita?

Probabilmente questa prima lista contiene obiettivi di carattere generale che accomunano tutte le persone: essere in salute, non avere problemi economici, avere una bella casa, amare ed essere amati). È quindi necessario trasformare le aspirazioni ideali in termini più concreti in modo da renderle accessibili.

Riesaminate quindi la lista "obiettivi di vita" e classificate l'importanza di ciò che avete elencato attribuendo la lettera A se si tratta di un obiettivo molto importante, B se mediamente importante e C se poco importante. Controllate le voci B e, poiché non esiste qualcosa di mediamente importante, classificatele come A o come C. A questo punto dimenticatevi delle C e concentratevi sulle A.

Probabilmente l'esame degli obiettivi elencati ha evidenziato più di una cosa "importante" (ovvero A), occorre quindi operare nuovamente una scelta. Selezionate le A e numeratele secondo l'importanza con i numeri 1 (molto importante), 2 (mediamente importante) o 3 (poco importante).

Se avete classificato qualcosa come "mediamente importante" riesaminate e attribuite valore 1 o 3. Questa ulteriore scrematura dovrebbe aver ridotto a pochi obiettivi le vostre liste. Ma, poiché avere più di un obiettivo è come non averne, dovete ulteriormente scegliere.

Valutate bene tutte le A1, selezionate quella che stabilite come basilare/prioritaria e scrivetela su un foglio bianco.

Il mio obiettivo prioritario è:

Ora avete enucleato ciò che vi sta più a cuore in questo momento. Come già precisato, non è detto che questo obiettivo debba essere mantenuto tassativamente, perché possono verificarsi eventi che fanno modificare le nostre priorità, ma in questo momento ciò che avete scritto rappresenta il bersaglio da centrare concretamente.

SEGRETO n. 40: avere obiettivi non significa diventare rigidi, al contrario permette di assumere decisioni flessibili in funzione dei cambiamenti che inevitabilmente l'esperienza di vita presenta.

Adesso si tratta di trasformare quell'obiettivo in una serie di azioni attraverso il passaggio intermedio che prevede di identificare i sotto-obiettivi (obiettivi correlati). Se, ad esempio, vi preme mantenere un buono stato di salute, i vostri obiettivi correlati di breve-medio termine potranno essere: fare esercizio fisico, curare l'alimentazione, effettuare un check-up sanitario di controllo, smettere di fumare ecc. Anche in questo caso cercate di esplorare nel modo più esteso possibile tutto ciò che è connesso all'obiettivo principale.

Obiettivi correlati all'obiettivo primario:

____

____

____

Adesso, per passare dagli obiettivi ai programmi occorre stabilire le attività da svolgere e individuare gli strumenti di cui si disporrà per raggiungerli. Per potersi muovere verso il raggiungimento degli obiettivi occorre quindi trovare una risposta concreta a ciascuna delle seguenti domande:

1) chi fa che cosa;

2) quando ed entro quando;

3) come;

4) dove;

5) con quali risorse.

Occorre pertanto pensare all'obiettivo fissato in termini molto concreti, individuando tutte le attività (piccoli gradini) che permettono in pratica di avvicinarci al traguardo. Per ogni obiettivo correlato verrà elaborata una lista delle "cose da fare" che riporta ogni singola azione, la scadenza temporale per attuarla e chi se ne occupa.

Tornando all'esempio precedente, se l'obiettivo correlato è fare esercizio fisico la lista delle "cose da fare" comprenderà azioni come decidere lo sport, cercare una palestra vicina a casa, verificare orari e costi, provvedere all'iscrizione, frequentare nei giorni…

Lista delle "cose da fare" per raggiungere l'obiettivo (usare verbi d'azione e indicarne una per ogni riga):

Azione	Scadenza	Chi

Una volta esaurito l'elenco, le azioni andranno riportate nella propria agenda. In questo modo sarà più agevole controllare il programma dei propri impegni e trovare il tempo di occuparsene.

Con questo approccio anche l'obiettivo più impegnativo può diventare accessibile e, in ogni caso, avremo fatto tutto il possibile per raggiungerlo in concreto.

SEGRETO n. 41: è importante scrivere i propri obiettivi per scegliere delle priorità e avanzare un passo alla volta nella direzione della realizzazione dei nostri progetti.

RIEPILOGO DEL GIORNO 9:

- SEGRETO n. 37: il tempo è la risorsa più preziosa per gli esseri umani ma è necessario gestirlo al meglio per metterlo al servizio dei nostri obiettivi, diversamente la nostra vita sarà determinata solo da fattori esterni a noi.

- SEGRETO n. 38: gli obiettivi, per essere raggiunti, devono essere Specifici, Misurabili, Attraenti, Realistici, Tempificabili (SMART).

- SEGRETO n. 39: porsi degli obiettivi permette di ottimizzare le proprie risorse (tempo, energie intellettuali e fisiche) e focalizzarsi su ciò che più ci interessa.

- SEGRETO n. 40: avere obiettivi non significa diventare rigidi, al contrario permette di assumere decisioni flessibili in funzione dei cambiamenti che inevitabilmente l'esperienza di vita presenta.

- SEGRETO n. 41: è importante scrivere i propri obiettivi per scegliere delle priorità e avanzare un passo alla volta nella direzione della realizzazione dei nostri progetti.

GIORNO 10:
Come assumere il nuovo comportamento assertivo

Se abbiamo deciso di intraprendere un riesame del nostro modo di comunicare ed entrare in relazione con gli altri, dobbiamo essere coscienti delle difficoltà insite in questo proposito: si tratta infatti di cambiare consapevolmente il nostro atteggiamento e comportamento.

L'atteggiamento è il modo in cui una persona esprime convinzioni, sentimenti e comportamenti verso persone ed eventi quale risultato di esperienze maturate nel corso dell'esistenza. E, poiché è frutto di apprendimento, si può modificare anche se ciò rappresenta un processo lento che richiede un forte convincimento e molta determinazione.

SEGRETO n. 42: ognuno di noi è già assertivo in qualche misura e può intraprendere un processo di miglioramento per

raggiungere l'equilibrio della posizione "Io sono OK, tu sei OK" in tutte le circostanze.

Per assimilare un nuovo comportamento e farlo diventare un'abitudine occorrono tre condizioni:

- sapere qual è la finalità del nuovo comportamento (conoscenza);
- approvarlo ed essere quindi motivati ad adottarlo (motivazione);
- avere le abilità per attuarlo (capacità).

Aristotele fu uno dei primi filosofi a definire le cose viventi non in termini di ciò che potevano essere a un dato momento, bensì in termini di potenziale, ovvero di ciò che potevano naturalmente diventare nel loro momento migliore, e affermava: "Noi siamo ciò che ripetitivamente facciamo, l'eccellenza quindi non è un'azione (singola) ma un'abitudine".

Un qualsiasi cambiamento richiede che ci si renda disponibili a rinunciare a ciò che è noto per modificarsi in vista di un futuro vantaggio (smetto di fumare per ottenere un buono stato di salute, imparo a non irrigidirmi di fronte alle critiche per essere sempre migliore).

Quando parliamo di comportamento, ci riferiamo al modo in cui una persona si comporta, in altre parole a tutto ciò che fa, come agisce e reagisce a uno stimolo, a un'altra persona o a un ambiente.

SEGRETO n. 43: la conoscenza di sé rappresenta ancora una volta il punto di partenza per individuare le aree più agevolmente affrontabili per migliorare.

La mappa personale dell'assertività

Come sottolineato a proposito dei comportamenti aggressivo, passivo e assertivo, nessuno di noi si trova in modo nettamente delimitato in una sola categoria e in ognuno è già presente una certa dose di assertività. È quella che riscontriamo ogni volta che ci sentiamo a nostro agio in un rapporto o nell'affrontare una determinata scelta. Provate a misurare quanto vi sentite a vostro agio nelle situazioni indicate e in relazione alle diverse categorie di interlocutori. Segnate 1 se la situazione vi genera difficoltà, 2 se non è facile ma qualche volta riuscite ad affrontarla, 3 se non rappresenta alcun problema per voi.

	Familiari			Amici			Colleghi			Superiori		
	1	2	3	1	2	3	1	2	3	1	2	3
Fiducia in se stessi												
Saper ascoltare attivamente												
Dire di no												
Avanzare richieste												
Esprimere pareri												
Esplicitare aspettative												
Formulare critiche costruttive												
Accettare critiche costruttive												
Formulare feedback positivi												
Accettare feedback positivi												
Definire e perseguire obiettivi												

Ora avete disegnato la vostra personale "mappa assertiva" e avete identificato le situazioni che rappresentano uno sforzo maggiore per voi.

Per avviare il vostro processo evolutivo esaminate le circostanze che possono essere migliorate, a cominciare da quelle che avete identificato con il numero 2. Qui siete già sulla buona strada ma non affrontate ancora con naturalezza l'evento, oppure lo fate ma vi sentite assalire dai sensi di colpa. Concentratevi su questi aspetti e identificateli come obiettivi da perseguire. Allenatevi a reagire a quelle situazioni applicando sempre il comportamento assertivo. All'inizio vi sentirete innaturali e rigidi ma man mano che otterrete i primi successi le vostre reazioni saranno più spontanee e incomincerete a sentirvi sicuri di voi.

Ogni processo di cambiamento e apprendimento comporta infatti quattro fasi che si possono definire "fisiologiche":

- Fase 1: siamo inconsapevolmente incompetenti. Non sappiamo di non sapere e quindi non avvertiamo nessuna difficoltà. Capita ogni volta che siamo completamente all'oscuro rispetto a una tecnica, un metodo, una conoscenza.

- Fase 2: siamo consapevolmente incompetenti. Sappiamo di non sapere. Avvertiamo la nostra impreparazione rispetto a una tecnica, un metodo. È il momento in cui può scattare il desiderio di impadronirsene e acquisire quell'abilità.

- Fase 3: siamo consapevolmente competenti. Sappiamo di sapere. È il momento in cui applichiamo la nuova conoscenza ma ancora non l'abbiamo assimilata completamente. Ci sentiamo innaturali ma sappiamo di fare la cosa giusta.

- Fase 4: siamo inconsapevolmente competenti. Sappiamo. Adottiamo la tecnica, il metodo, la conoscenza come se ci appartenessero da sempre. Abbiamo "metabolizzato" un nuovo tratto del comportamento e lo applichiamo con la massima naturalezza.

Un esempio comune è quello dell'apprendimento della guida:
- c'è un periodo della nostra vita nel quale non pensiamo all'opportunità di imparare a condurre un'autovettura (fase 1);
- in seguito avvertiamo la necessità di imparare e, probabilmente, frequentiamo la scuola guida (fase 2);

- ottenuta la patente, iniziamo a guidare facendo le cose giuste ma con una certa tensione e rigidità nei movimenti, dovendo ragionare per applicare la tecnica appena appresa (fase 3);
- con il tempo e l'allenamento la tecnica di guida viene assimilata e non dobbiamo più pensare alle singole operazioni ma ci concentriamo sul miglioramento del nostro stile di guida (fase 4).

Una volta risolte le situazioni classificate con il numero 2 vi scoprirete pronti ad avviare qualche tentativo verso quelle più difficili, ovvero le numero 1 perché la vostra zona di agio si sarà nel frattempo ampliata.

SEGRETO n. 44: è ragionevole apportare i cambiamenti in modo progressivo per maturare confidenza con il nuovo comportamento e assimilarlo.

Prima di agire, però, chiedetevi se siete in grado di gestire un eventuale insuccesso. Ad esempio, poniamo che vogliate riuscire a dire "no" a un collega ficcanaso e invadente. Chiedetevi: "Qual è la cosa peggiore che mi può capitare se mi rifiuto di dargli corda quando vuole conoscere, a tutti i costi, le mie faccende personali e mi assilla con mille domande?"

Provate a immaginare le reazioni che si scateneranno e decidete se siete in grado di affrontarle. Forse il collega incomincerà una guerra fredda nei vostri confronti, oppure cercherà di isolarvi dal resto dei colleghi o non si mostrerà più collaborativo con voi, eccetera. Se non vi sentite tranquilli di poter serenamente gestire le conseguenze più pessimistiche che riuscite a ipotizzare non agite, aspettate e rinviate l'azione a un momento in cui vi sentirete più sicuri di voi.

«Il progresso, come il camminare, si compie perdendo e riacquistando l'equilibrio, attraverso una serie di errori.»
(Sigmund Freud)

SEGRETO n. 45: per avere successo nell'apprendimento di un nuovo comportamento occorrono determinazione e desiderio di riuscire, mentre è sconsigliabile avviare un cambiamento se immaginiamo come insostenibili le eventuali conseguenze negative del nostro nuovo comportamento.

RIEPILOGO DEL GIORNO 10:

- SEGRETO n. 42: ognuno di noi è già assertivo in qualche misura e può intraprendere un processo di miglioramento per raggiungere l'equilibrio della posizione "io sono OK, tu sei OK" in tutte le circostanze.

- SEGRETO n. 43: la conoscenza di sé rappresenta ancora una volta il punto di partenza per individuare le aree più agevolmente affrontabili per migliorare.

- SEGRETO n. 44: è ragionevole apportare i cambiamenti in modo progressivo per maturare confidenza con il nuovo comportamento e assimilarlo.

- SEGRETO n. 45: per avere successo nell'apprendimento di un nuovo comportamento occorrono determinazione e desiderio di riuscire, mentre è sconsigliabile avviare un cambiamento se immaginiamo come insostenibili le eventuali conseguenze negative del nostro nuovo comportamento.

GIORNO 11:

Come e perché proporre
l'assertività in azienda

Le organizzazioni sono dei sistemi sociali nei quali le persone si vengono a trovare in modo del tutto casuale, scelte in base alle loro competenze (ciò che sanno fare), in genere senza badare più di tanto alla compatibilità delle loro personalità. Però, all'interno delle aziende, gli individui devono imparare a superare le loro differenze di partenza – culturali, di temperamento, religiose ecc. – proprio per garantire il raggiungimento dei fini dell'organizzazione attraverso l'instaurarsi di buoni rapporti di collaborazione.

Parlando di questa dicotomia Vittorio Tivoli nel suo pamphlet *Psicopatologia della vita aziendale* (Edizioni Calderini, 1976) individua le due vie che possono essere percorse dalle organizzazioni.

«L'una è difficile ma può dare risultati veramente soddisfacenti; è basata sul dialogo franco, sull'approfondimento delle idee proprie come di quelle altrui. Alla fine ognuno rimane arricchito e impara a rispettare anche chi è diverso da lui, si crea cioè una nuova, più elevata civiltà. L'altra via è più facile ma dà risultati mediocri, essa consiste nell'accantonare i problemi scottanti. Non si parla di religione, né di cultura, anzi meglio ancora non pensarci neanche. Alla fine gli attriti rimangono sullo sfondo, notevolmente smorzati, ma gli individui sono diventati "a una dimensione", vivono di slogan e di luoghi comuni, non hanno più spessore. Individui che vivono in funzione di quanto gli altri possono pensare di loro, senza poter nemmeno agganciare il giudizio altrui a qualcosa di solido. È il conformismo privo di una ideologia precisa, cioè l'alienazione.»

Dopo quarant'anni queste riflessioni sono ancora estremamente attuali. Oggi più che mai un'azienda moderna deve fondare la sua gestione su una politica improntata all'onestà e alla reciproca fiducia, all'equità nel trattare le persone, al rispetto dell'individualità umana sia nei confronti dei propri clienti sia, a maggior ragione, verso i propri collaboratori.

SEGRETO n. 46: anche se non si ha la possibilità di scegliere con chi lavorare, l'azienda rappresenta un sistema sociale vero e proprio e la maggior parte delle relazioni interpersonali si svolge nell'ambiente di lavoro.

Cosa ci motiva a lavorare bene?

Il rapporto diretto esistente tra l'eccellenza della prestazione dei collaboratori e la capacità competitiva espressa da un'azienda è ampiamente condiviso da tutti gli esperti e operatori. Assodato che le persone non lavorano solo per denaro, tutte le teorie motivazionali considerano come oggetto del loro studio i desideri dell'uomo e tentano di individuare i motivi che possono stimolare in loro il desiderio di lavorare al meglio.

Per citare gli studiosi più significativi, Abraham H. Maslow suddivide i bisogni dell'uomo in cinque categorie, sempre presenti, ma la cui importanza si sposta gradualmente dai livelli inferiori (bisogni fisiologici e di sicurezza) a quelli superiori (bisogni sociali, dell'ego e di autorealizzazione) con l'aumentare del tenore di vita.

Frederick Herzberg afferma, invece, che la motivazione in ambito lavorativo dipende da due fattori, definiti di "soddisfazione" (coinvolgimento nella definizione degli obiettivi, premio dei risultati ecc.) e di "insoddisfazione" (stipendio basso, ambiente fisico di lavoro disagiato ecc.). Per ottenere motivazione sarebbe quindi sufficiente eliminare i fattori di insoddisfazione dal contesto lavorativo.

E, infine, Douglas McGregor nel suo *The Human Side of Enterprise* (L'aspetto umano dell'impresa), identifica due serie di presupposti esistenti nel mondo aziendale che costituiscono quelle che chiama mentalità X e mentalità Y.

Nel primo caso l'approccio si fonda sulla concezione che gli uomini sono pigri per natura e non amano pensare con la propria testa. Ne consegue che le leve motivazionali per invogliare a lavorare prevedono compensi in denaro e promozioni, alle quali contrapporre la paura di essere declassati o licenziati. Questo stile di direzione è fortemente improntato al controllo ravvicinato dell'operato dei collaboratori e produce inevitabilmente un livello di produttività insoddisfacente. La mentalità Y considera invece che gli uomini sono attivi per natura e che la principale forza che induce la gente a lavorare è il desiderio di raggiungere i propri obiettivi personali e sociali. Di qui l'individuazione di leve motivazionali legate al contenuto del lavoro, ai contatti sociali instaurati, alle opportunità di crescita offerte, alla libertà e autonomia concesse (diffusione della delega).

McGregor, in estrema sintesi, sostiene che alla gente in generale piace di più lavorare in modo creativo, con intelligenza e responsabilità e che offrendo queste condizioni di lavoro le organizzazioni risulteranno molto più produttive. Aggiunge inoltre che se lavoro e svaghi non si integrano, ne soffrono entrambi cogliendo in questo modo il carattere di "unicità emotiva" dell'essere umano nel quale non è possibile separare – come si pretendeva una volta – la sfera privata da quella professionale.

Proprio questi presupposti sembrano essere quelli più condivisi dalle politiche del personale adottate nelle aziende più moderne. Il versante "sociale" è oggetto di molta attenzione, come si può notare dalle iniziative *family friendly* che offrono alle persone che lavorano, uomini e donne, l'opportunità di conciliare l'attività professionale con gli altri tempi di vita e, soprattutto, con la famiglia.

Gli effetti positivi dell'assertività in azienda
Se siamo d'accordo con McGregor che lavorare con piacere permette di lavorare bene, risulta di fondamentale importanza gestire correttamente il "modello relazionale" presente in un'organizzazione aziendale.

I lavoratori apprezzano un ambiente professionale se esiste una buona qualità di rapporto con e tra il management, se possono essere orgogliosi dell'attività svolta dalla società (immagine, reputazione, impegno sociale, etica, qualità dei prodotti-servizi) e se l'ambiente relazionale è amichevole e improntato alla collaborazione di gruppo.

Un'azienda che opera la scelta di favorire una comunicazione assertiva pone i presupposti per generare un ambiente di lavoro nel quale le persone trovano benessere, risposte ai loro bisogni e condivisione dei valori umani più profondi. Come già evidenziato, ciò si traduce in una serie di concreti benefici anche ai fini della capacità competitiva dell'impresa.

Un diffuso senso di rispetto reciproco fra le persone, a prescindere dal ruolo gerarchico ricoperto, favorisce la possibilità di gestire costruttivamente i conflitti. Esprimere la propria opinione in modo manifesto non viene vissuto infatti come un "azzardo" che può mettere l'interessato in cattiva luce, bensì come l'opportunità di verificare nuove e più creative soluzioni ai problemi. Evitare la critica tacita e implicita significa rendere più produttivi i confronti e molto più efficaci le soluzioni adottate. Per non parlare dei risparmi di tempo (basti pensare a tutto quello che viene impiegato nelle aziende per alimentare la "critica da corridoio") consentiti dalla possibilità di far valere le idee personali o difendere apertamente alcuni valori.

In un'azienda che comunica assertivamente, inoltre, gli obiettivi professionali di ciascuno sono chiaramente definiti e accettati o negoziati dai collaboratori stessi. Così come viene esplicitato il livello di prestazione atteso da ognuno e la qualità del lavoro viene apprezzata e riconosciuta in modo palese.

In questo modo le persone colgono chiaramente il valore del loro contributo al successo dell'impresa e sono stimolate a ricercare produttive sinergie e a offrire collaborazione ai colleghi.

Il modello relazionale assertivo, partendo dal fondamento del reciproco rispetto, consente una concreta valorizzazione del "capitale umano", risorsa strategica di ogni azienda, e offre ai "capi" la possibilità di ispirarsi a una leadership al servizio del gruppo e non sul gruppo. Lo stile di direzione si orienta quindi a ruolo di coordinamento, di valorizzazione delle competenze individuali e specialistiche, di facilitazione del funzionamento del team e di guida verso gli obiettivi comuni.

SEGRETO n. 47: instaurare rapporti interpersonali di buona qualità nel contesto professionale rappresenta una condizione di benessere per l'individuo e influenza la sua motivazione e produttività.

Avviare il cambiamento "per contagio"

Come ogni progetto di cambiamento aziendale, la scelta di migliorare il proprio sistema di relazioni va considerata in termini di impatto culturale, organizzativo e di equilibrio dei rapporti di potere. Sarebbe utopistico, anche se idealmente auspicabile, immaginare che tutte le persone che hanno modellato il loro comportamento in base a determinate regole di relazione, siano disposte a metterle completamente in discussione da un momento all'altro. E ciò anche se l'obiettivo da conseguire è estremamente positivo sul piano squisitamente personale.

Soprattutto se non prevale già una cultura tendente al cambiamento, nella quale i modelli consolidati sono per definizione guardati con sospetto, sarà necessario agire a partire dalla piena condivisione e sponsorizzazione da parte del top management aziendale.

Il modo più rapido ed efficace per indurre un nuovo comportamento è, infatti, quello di vederlo positivamente attuato nella pratica. Oltretutto il progetto di comunicazione assertiva sarà giudicato tanto più credibile e tanto più autentiche le sue finalità se saranno i "capi" per primi a metabolizzarlo e utilizzarlo fra loro e verso i collaboratori. Perché questo sia reso possibile è opportuno non presumere che i manager abbiano già conoscenze e abilità per risolvere problemi per loro nuovi. Il piano dovrà includere i necessari programmi di formazione, anche allo scopo di ridurre timori e ansie e quindi favorirne l'accettazione.

Una prima utile fase dovrebbe prevedere una fotografia dello "stato dell'arte" condotta attraverso la diffusione di un questionario a tutti i collaboratori oppure con l'organizzazione di *focus group* per dibattere il tema del "modello relazionale" utilizzato nell'azienda. A questo scopo potrebbero essere messi a confronto i valori personali con quelli manifestati dal proprio superiore, partendo da domande come quelle riportate di seguito a titolo esemplificativo.

	Secondo me		Secondo il mio superiore	
	sì	no	sì	no
1. Se un lavoro è ben fatto l'apprezzamento deve sempre essere manifestato.				
2. Gli errori dovrebbero essere sempre evidenziati per poterli correggere.				
3. Solo se gli obiettivi sono chiari a tutti è possibile raggiungere il successo.				
4. Un'azienda competitiva basa il suo funzionamento sul lavoro di gruppo.				
5. Una comunicazione aperta anche alla critica costruttiva favorisce buoni risultati.				

Usando l'approccio per contagio il cambiamento può essere avviato con specifiche iniziative formative su determinati gruppi o unità organizzative. Per questi "sperimentatori" potranno anche essere previsti riconoscimenti tangibili dei risultati raggiunti valutando indicatori come il miglioramento della capacità di *problem solving*, la riduzione della conflittualità negativa, le modalità di funzionamento dei gruppi di lavoro ecc. Dopo i successi iniziali, il cambiamento potrà essere diffuso anche nelle altre unità aziendali, utilizzando come testimonial proprio i collaboratori dei gruppi-pilota.

SEGRETO n. 48: per adottare un modello relazionale assertivo che si rifletta in un miglior funzionamento organizzativo, è consigliabile adottare un "approccio per contagio".

RIEPILOGO DEL GIORNO 11:

- SEGRETO n. 46: anche se non si ha la possibilità di scegliere con chi lavorare, l'azienda rappresenta un sistema sociale vero e proprio e la maggior parte delle relazioni interpersonali si svolge nell'ambiente di lavoro.

- SEGRETO n. 47: instaurare rapporti interpersonali di buona qualità nel contesto professionale rappresenta una condizione di benessere per l'individuo e influenza la sua motivazione e produttività.

- SEGRETO n. 48: per adottare un modello relazionale assertivo che si rifletta in un miglior funzionamento organizzativo, è consigliabile adottare un "approccio per contagio".

Conclusione

Per ogni persona la qualità delle relazioni interpersonali è determinante per raggiungere un buon equilibrio personale, trovare stimoli positivi nella vita professionale e appagamento nel rapporto con familiari e amici.

Purtroppo, pur riconoscendo l'importanza di questo aspetto del comportamento, non tutti hanno la voglia di "partire da se stessi" per esaminarsi e intraprendere una piccola o grande rivoluzione del proprio stile di comunicazione e dei propri atteggiamenti. Ci vuole determinazione per porsi un obiettivo ambizioso e tenacia per conquistarlo ma il risultato può essere talmente straordinario che certamente vale la pena di provarci.

Ricapitoliamo cosa dobbiamo proporci e fare all'atto pratico:

1. Dotiamoci di un quaderno che rappresenterà il nostro "diario di bordo" e analizziamo le situazioni di relazione che abbiamo vissuto, riflettiamo su cosa è accaduto quando valutiamo che tutto sia andato bene e annotiamolo nel nostro diario.

2. Passiamo poi all'esame di quelle esperienze di relazione che ci hanno lasciato scontenti o, peggio, delusi o amareggiati. Scriviamo anche queste.

3. Per i due tipi di situazione chiediamoci quali atteggiamenti – aggressivi, passivi, assertivi – sono stati agiti da noi e dalle persone con le quali abbiamo avuto rapporto.

4. Valutiamo se abbiamo reagito in modo assertivo o se abbiamo assunto comportamenti passivi o aggressivi. I nostri interlocutori come si sono posti nei nostri confronti?

5. Incominciamo l'allenamento verso l'assertività definendo un primo obiettivo "realisticamente attuabile" (non possiamo proporci di correre la maratona di New York se il massimo del movimento che facciamo ci vede spostarci dal divano al tavolo da pranzo).

6. Scriviamo l'obiettivo su un certo numero di post-it che fisseremo allo specchio del bagno, alla nostra tazza preferita per la prima colazione, al volante della nostra auto, al monitor del PC in ufficio.

7. Ogni volta che è possibile esercitiamo il nostro nuovo modo di comportarci assertivamente: al telefono, di persona e, addirittura, scrivendo.

8. Annotiamo nel diario di bordo cosa è successo e analizziamo le situazioni e le conseguenze del nostro nuovo modo di comportarci: impariamo dagli errori e troviamo motivazione nei successi.

9. Parliamo alle persone intorno a noi del nostro progetto di miglioramento. Aumentiamo la loro consapevolezza rispetto ai comportamenti che adottano – assertivi e meno assertivi – e avviamo il nostro personale "contagio positivo".

10. Annotiamo sul nostro diario di bordo lo stato di avanzamento dei progressi per non perderne traccia e rinfrancarci ogni volta che ci sentiamo meno motivati.

11. Festeggiamo con grande enfasi il conseguimento dell'obiettivo che ci siamo proposti e, subito, identifichiamo un nuovo traguardo!

Ricordate: l'assertività è per tutti. Dipende solo dalla determinazione personale riuscire a praticarla e adottarla come comportamento istintivo e naturale.

Fonti bibliografiche

Roberto Vacca, *Come amministrare se stessi e presentarsi al mondo*, Mondadori.

Jim Murphy, *Gestire i conflitti nel gruppo di lavoro*, McGraw-Hill.

Dario Truini, *Guida alla comunicazione interpersonale e di gruppo*, Franco Angeli.

Anna Guglielmi, *Il linguaggio segreto del corpo*, Piemme.

Madelyn Burley-Allen, *Imparare ad ascoltare*, Franco Angeli.

Madelyn Burley-Allen, *La direzione assertiva*, Franco Angeli.

Riccardo Varvelli, M. Ludovica Varvelli, *La felicità manageriale*, Il Sole 24 Ore Libri.

Yoshio Kondo, *La motivazione, una chiave per il management*, Itaca.

Eric Schuler, *Le tecniche assertive*, Franco Angeli.

Paul Watzlawick, Janet Helmick Beavin, Don D. Jackson, *Pragmatica della comunicazione umana*, Astrolabio.

Vittorio Tivoli, *Psicopatologia della vita aziendale*, Calderini.

Peter G. Hanson, *Stress, istruzioni per l'uso*, Sperling & Kupfer.

Wayne W. Dyer, *Te stesso al cento per cento*, Rizzoli.

www.ingramcontent.com/pod-product-compliance
Lightning Source LLC
LaVergne TN
LVHW020054210726
843507LV00016B/2227